PAULLINE BAKER

ESPAÑOL PARA LOS HISPANOS

a guide to Spanish
for native speakers

National Textbook Company
a division of *NTC Publishing Group* • Lincolnwood, Illinois USA

NTC TEXTS FOR SPANISH SPEAKERS

Español para el bilingüe, *Barker*

Español para los hispanos, *Baker*

Manual de correspondencia, *Jackson*

Spanish Verbs and Essentials of Grammar, *Ramboz*

Guía de modismos españoles, *Pierson*

1995 Printing

Published by National Textbook Company, a division of NTC Publishing Group,
© 1986, 1980 by NTC Publishing Group, 4255 West Touhy Avenue,
Lincolnwood (Chicago), Illinois 60646-1975 U.S.A.

4 5 6 7 8 9 ML 9 8 7 6

INTRODUCCIÓN

Durante las décadas venideras los hispanos continuarán aumentando su participación en la vida estadounidense. Su visibilidad y participación desarrollarán nuevos movimientos educativos, laborales y comunitarios. Para lograr estos objetivos sociales se van a crear ciertas necesidades como lo va a ser el uso correcto del lenguaje. Hoy es indispensable para los hispanos de los Estados Unidos el desarrollar destrezas en todas las áreas de comunicación, tanto en español como en inglés, a fin de lograr éxito en los aspectos sociales, profesionales y personales de la vida.

Español para los hispanos es un libro para hispanos que han sido expuestos a un ambiente donde la lengua inglesa predomina, donde el sistema educativo es basado en el inglés y quienes no han tenido la oportunidad de desarrollar destrezas de comunicación formal en su lengua materna, el español. *Español para los hispanos* es una fuente de ayuda que ofrece un programa el cual toma en cuenta las destrezas innatas de la persona, así como las destrezas adquiridas de sus padres y de la sociedad.

Español para los hispanos presenta diferentes géneros, estilos y niveles del idioma que son necesarios para la comunicación con personas de habla hispana de diferentes estratas y orígenes en un ambiente social y profesional. Este libro ofrece a sus lectores explicaciones del material, ejercicios prácticos y esquemas sobre el uso comparativo de palabras, ayudando de esa forma a la persona a distinguir el empleo de ciertos anglicismos, arcaísmos y otras variaciones apropiadas dentro de ciertas regiones donde se usan con frecuencia; a la misma vez presenta formas equivalentes en un español más universal.

Español para los hispanos se puede utilizar como libro de texto o como referencia para mejoramiento propio. Como texto para la sala de clase, este libro presenta diferentes clases de actividades apropiadas para ser usadas en grupos, sugerencias de material de referencia para dar presentaciones orales y escritas, y una serie de ejercicios para practicar, reforzar y evaluar las destrezas lingüísticas. Las personas que quieran usar *Español para el hispano* como una referencia para la enseñanza propia pueden completar los ejercicios y comparar sus contestaciones con las del librito de respuestas que acompaña este texto. Además de ser una fuente de estudio para desarrollar el conocimiento del idioma, este libro es una excelente referencia práctica que presenta información adicional como lo son el capítulo sobre la organización de un club y el capítulo sobre la correspondencia. También contiene una sección para el enriquecimiento del vocabulario la cual presenta las palabras de uso diario más comunes en una variedad de circunstancias.

Para aquellas personas que quieran continuar sus estudios, ya sea individualmente o en grupos, los siguientes libros publicados por National Textbook Company pueden ser de gran utilidad: *Guía de correspondencia española* es un manual de las formas de correspondencia personal y commercial; *Guía de modismos españoles* es un libro de referencia de dichos y modismos en español; y *Español para el bilingüe* enseña las destrezas de comunicación, redacción y lectura por medio de las riquezas literarias y culturales del mundo de los hispanos bilingües.

INTRODUCTION

In the coming decades, Hispanics will continue to increase their involvement in life in the United States. Their visibility and participation will generate new developments in education, in the workplace, and within the community. In order to be successful in their endeavors, they must master certain basic skills—among them, the correct use of language. Today, the development of wide-ranging communication skills (in Spanish as well as in English) is vitally necessary for U.S. Hispanics to achieve success in social, professional, and private life.

Español para los hispanos is intended for Spanish-speakers who are living in a predominantly English-speaking environment, who have gone through an English-language school system, and who have not had the opportunity to develop formal communication skills in their first language, Spanish. As a study-aid, it offers materials that take into account a person's natural abilities, as well as skills acquired from the family and the society at large.

Español para los hispanos presents the various language levels and styles needed to communicate with Spanish-speakers of differing origins and classes in a social and professional context. This book provides detailed grammar explanations, practical exercises, as well as charts on the comparative use of words. In this way, readers are made aware of certain anglicisms, archaic expressions, and other variations from standard Spanish that may be appropriate in certain areas where they occur frequently. At the same time, the book also provides equivalents in standard Spanish.

Español para los hispanos may be used as a classroom text or as a guide for self-study. As a classroom text, it suggests a variety of group activities and provides reference material for oral presentations as well as exercises for developing and testing language skills. Self-study learners can check their responses against the Answer Key that accompanies this book.In addition to being a study-aid for expanding mastery of the language, this book is an excellent practical reference that offers useful information, as in the chapter on organizing a club or in the chapter on letter writing. It also contains a section on vocabulary enrichment that features commonly used words set in a variety of contexts.

Readers interested in continuing their Spanish-language studies either individually or in groups will find the following books published by National Textbook Company extremely useful: *Guía de correspondencia en español,* a handbook of business and personal correspondence in Spanish; *Guía de modismos españoles,* a reference book of Spanish-language colloquial expressions and sayings; and *Español para el bilingüe,* a guide that develops reading, writing, and oral communication skills by drawing on the rich cultural resources of bilingual Hispanics.

INDICE

ESPAÑOL PARA LOS HISPANOS

CAPITULO I

PRONUNCIACION y ORTOGRAFIA

El español es un idioma fonético, es decir, al saber ciertas reglas tocante a la pronunciación de las letras del alfabeto, la silabificación y el acento, se puede determinar con exactitud la pronunciación de cualquier palabra. En inglés para saber pronunciar correctamente una palabra desconocida, es necesario acudir al diccionario; pero, en español no se da la pronunciación de ninguna palabra en el diccionario. Es suficiente aprender las reglas dadas en este capítulo. Por consiguiente, es mucho más fácil la pronunciación en español que en inglés. Casi nunca se quiebran las reglas. Dondequiera que se hable español la norma del idioma es el Diccionario de la Real Academia Española.

La ortografía ofrece poco más oportunidad para tener dificultades, pero si el alumno pone atención a ciertas letras y entiende bien el acento ortográfico no tendrá problemas.

A. El abecedario español

Verán Uds. que hay más letras en el alfabeto español que en el alfabeto inglés. A menudo no se incluye la *rr* como una sola letra. Pueden Uds. omitirla, si prefiere su profesor. Como ya saben Uds. la letra *w* es letra extranjera, y nunca se ve en palabras españolas. ¡Se incluye para que puedan Uds. deletrear *Washington* o *Hugo Wast* en español!

a (a)   f (efe)
b (be, b grande, b labial)   g (ge)
c (ce)   h (hache)
ch (che)   i (i)
d (de)   j (jota)
e (e)   k (ka)

l (ele)	s (ese)
ll (elle)	t (te)
m (eme)	u (u)
n (ene)	v (ve, v chica, uve,
ñ (eñe)	v-labiodental)
o (o)	w (ve doble, doble u)
p (pe)	x (equis)
q (cu)	y (i griega, ye)
r (ere)	z (zeta)
rr (erre)	

Para escribir correctamente, es preciso conocer bien la ortografía, porque es fácil confundirse.

b, v (tubo, tuvo)
c, s (cocer, coser)
ge, gue, güe (gente, guerra, vergüenza)
gi, gui, güi (girar, guía, argüir)
h (hace) Nunca se pronuncia la letra *h*.
j, g (jinete, gitano)
ll, y (llama, ya)
s, z (masa, taza)

Un alumno acostumbrado a la ortografía inglesa a veces confunde los sonidos ingleses con los españoles y tiene dificultades en la escritura, como *encontradon* en vez de *encontraron* o *Sam Bicente* en vez de *San Vicente*.

También, si el alumno no pronuncia claramente lo que escribe habrá confusión; por ejemplo, pondrá *no lo dio* por *nos lo dio* o *va hablar* por *va a hablar*.

En fin, para no tener dificultades en la ortografía, sigan estos cuatro consejos:

1. Fíjense bien en las letras dificultosas de una palabra.
2. Eviten el uso de sonidos ingleses para representar sonidos españoles.

3. Pronuncien distintamente la palabra o frase.
4. Al encontrarse confundidos, busquen la palabra en el diccionario.

Ejercicos prácticos

A. Aprendan de memoria el alfabeto español.
B. Durante el año, guarden en su cuaderno una lista de todas las palabras que deletrean Uds. mal, y vuelvan a estudiarlas de vez en cuando.
C. De un periódico o una revista escojan veinticinco palabras que contengan las letras difíciles ya dadas en la lista de arriba.
D. Traigan a la clase cinco frases que ilustren la posibilidad de presentar dificultades por no pronunciar lenta y claramente todas las letras y sílabas de cada palabra.
E. Diviértanse con una competencia de ortografía o "spelling match," usando palabras de su libro de lectura.
F. Expliquen el cambio en la ortografía de estos verbos:

sacar	saqué	saque
vencer	venzo	venza
pagar	pagué	pague
proteger	protejo	proteja
dirigir	dirijo	dirija

Escriban en español los siguientes verbos ingleses:

1. I looked for   (buscar)
2. Play   (tocar - Ud.)
3. I explained   (explicar)
4. Multiply   (multiplicar - Uds.)
5. I convince   (convencer)
6. Load   (cargar - Ud.)
7. I arrived   (llegar)
8. Hand in   (entregar - Uds.)
9. I catch   (coger)
10. Lead, direct   (dirigir - Ud.)

G. Por una razón inexplicable, en español la letra *z* nunca precede una *e* o *i*.

gozar	gocé	goce
rezar	recé	rece

¿Cómo se escribiría "I threatened" (amenazar) o "I stumbled" (tropezar)?

H. Otro cambio ortográfico es la inserción de *z* antes de *a* y *o* en los verbos que terminan en-*cer* o-*cir*, si la letra anterior es una vocal.

conocer	conozco	conozca

Escriban en español los siguientes verbos ingleses:

1. I appreciate   (agradecer)
2. Offer   (ofrecer - Ud.)
3. I deserve   (merecer)
4. Recognize   (reconocer - Uds.)
5. I resemble   (parecer)

B. La división de palabras en sílabas

Al pronunciar una palabra lentamente se hacen pausas naturales, y estas pausas separan la palabra en sílabas. Pronuncien muy despacio las palabras siguientes y fíjense en las pausas que se hacen.

norteamericanos	nor te a me ri ca nos
inteligencia	in te li gen cia
origen	o ri gen
extranjeros	ex tran je ros
rodeo	ro de o
utilizar	u ti li zar
patria	pa tria
fiesta	fies ta
imprenta	im pren ta
iglesia	i gle sia

Vocales

1. En cada sílaba debe de haber una vocal a lo menos.
   le van ta ron   co ne jo   es me ral da
2. Habrá dos vocales en la misma sílaba si tenemos la combinación de una fuerte y una débil o de dos débiles (fuertes: *a, e, o*; débiles *i, u*). Esta combinación se llama diptongo.
   fe ria   seis   cuo ta   cui dar   ciu dad
3. Dos vocales fuertes juntas forman sílabas separadas.
   pa se o   i de a   o a sis

Consonantes

1. En la división de palabras en sílabas, una consonante entre vocales empieza la sílaba siguiente.
   co ro nel   u ni do   fa ci li ta do
2. Dos consonantes se separan a menos que la segunda sea *l* o *r*; en tal caso las dos van con la vocal que sigue.
   con fian za   en fer mo   es pal da
   a ma ble   li bro   a gra da ble
3. Por lo general, tres consonantes se separan de tal modo que la primera vaya con la vocal que precede y las dos últimas con la que sigue.
   des gra cia   hom bre   den tro

Ejercicios prácticos

A. Sepárense en sílabas las palabras siguientes:

1. abandonar	7. favorable
2. biblioteca	8. gaseoso
3. cabra	9. hemisferio
4. chimenea	10. ingeniero
5. deshacer	11. jesuita
6. ejemplar	12. lienzo

13. mental
14. necesidad
15. oeste
16. penicilina
17. quebrantado
18. rascacielos

19. sello
20. tachar
21. unidad
22. viuda
23. yanqui
24. zafiro

B. Sepárense en sílabas estas palabras adicionales:

1. aldea
2. aptitud
3. bicicleta
4. cambio
5. conciencia
6. democracia
7. empleo
8. follaje
9. garantizar
10. hospital
11. igual
12. jaula

13. kermés
14. libertad
15. majestuoso
16. nervio
17. opuesto
18. orden
19. pleito
20. privilegiado
21. quinientos
22. siquiera
23. terrible
24. vainilla

C. Acentuación

La lectura

Al leer se debiera recordar que se le da el énfasis de la pronunciación a cualquier letra que lleve acento ortográfico. Pronúnciense estas palabras:

bacteriología
clínica
deducción
efímero
falcón

géiser
hectógrafo
ídem
jabalí
leíble

Si la palabra no lleva acento es necesario aprender dos reglas fáciles para determinar en qué sílaba cae la fuerza de la pronunciación, es decir, cuál sílaba se pronuncia más recio.

1. Si una palabra termina en consonante menos *n* o *s*, el énfasis cae en la última sílaba.

Pronúnciense estas palabras:

ga*nar* habili*dad* impar*cial* labra*dor* na*riz*

2. Si una palabra termina en vocal, *n* o *s*, el énfasis cae en la penúltima sílaba.

Pronúnciense estas palabras:

*o*bra *par*te re*tra*to *sa*ben tempes*ta*des

Si hay diptongo en la sílaba en la cual cae el énfasis, se deben recordar las reglas siguientes:

1. En un diptongo compuesto de una vocal fuerte y una débil, el énfasis cae en la fuerte.

vi*a*je fl*a*uta ni*e*to d*e*uda D*io*s cu*o*ta

2. En un diptongo compuesto de dos vocales débiles, el énfasis cae en la segunda.

ru*i*do

La escritura

Todas las palabras que no siguen las dichas reglas llevan acento escrito.

Al escribir es necesario entender a fondo el uso del acento en español. Estudien con mucho cuidado lo siguiente.

Según su pronunciación hay tres clases de palabras: agudas, graves y esdrújulas.

1. Se llama aguda una palabra que recibe el énfasis en la última sílaba.

está   delan*tal*
café   bai*lar*
recibí   ac*triz*

sonó
menú
holgazán
cortés

(Nótese que llevan acento las palabras agudas que terminan en vocal, *n* o *s*.)

2. Se llama grave una palabra que recibe el énfasis en la penúltima sílaba.

*man*da	fácil
*fuen*te	carácter
*ca*si	Sánchez
*lim*pio	
*ha*blan	
*me*ses	

(Nótese que llevan acento las palabras graves que terminan en consonante menos *n* o *s*.)

3. Se llama esdrújula una palabra que recibe el énfasis en la antepenúltima sílaba.

lástima	México
cállate	espíritu
metrópoli	miércoles

(Nótese que llevan acento todas las palabras esdrújulas.)

Ejercicios prácticos

A. Póngase acento a estas palabras agudas si lo necesitan.

1. aca	6. feroz
2. bajar	7. gramatical
3. campeon	8. hare
4. detras	9. invadio
5. excursion	10. juventud

B. Póngase acento a estas palabras graves si lo necesitan.

1. llegada	6. revolver (pistola)
2. marmol	7. servicio
3. Nuñez	8. util
4. ocupan	9. viernes
5. protege	10. yugo

C. Póngase acento a todas estas palabras esdrújulas.

1. algebra	6. fabrica
2. barbaro	7. heroe
3. cientifico	8. indice
4. discipulo	9. kilometro
5. examenes	10. lastima

Si se infringe la regla que declara que el énfasis en un diptongo cae en la vocal fuerte o en la segunda de dos débiles, la palabra llevará acento.

vía   Raúl   ríe   frío   flúido

Ejercicio práctico

Póngase acento a la vocal débil del diptongo en estas palabras si se necesita.

1. aceite	6. imperio
2. bahia	7. maiz
3. caido	8. neutro
4. fuego	9. reirse
5. heroismo	10. seis

También se debe acordarse de estos dos usos adicionales del acento:

1. En las palabras interrogativas o exclamatorias, es decir, cuando se usan para introducir una pregunta o interjección:

¿qué?	¡cuánto!
¿cuál?	¿cuándo?
¿quién?	¿cómo?
¿cuánto?	¿dónde?
¡qué!	¡cuándo!
¡cuál!	¡cómo!
¡quién!	¡dónde!

2. En ciertas palabras semejantes pero de distinto significado:

el (artículo) .... the	él (pronombre) .... he
tu (adjetivo) .... your	tú (pronombre) .... you
se (pronombre) yourself, etc.	sé (verbo) .... know
si (conjunción) .... if	sí (adverbio) .... yes
este (adjetivo) .... this	éste (pronombre) ... this one
ese (adjetivo) .... that	ése (pronombre) .... that one
aquel (adjetivo) ...... that	aquél (pronombre) .. that one
mas (conjunción) .... but	más (adj., adv.) ...... more
solo (adjetivo) ...... alone	sólo (adv.) .... only

Ejercicios prácticos

A.   ¿Saben Uds. cuáles de estas palabras necesitan acento?

1. paso (yo, presente)	11. celebre (adj., famoso)
2. paso (él, pretérito)	12. celebre (pres. de subj.)
3. iglesia	13. celebre (yo, pretérito)
4. alegria	14. Maria
5. nacion	15. Mario
6. naciones	16. hacia (prep., toward)
7. ocasion	17. hacia (verbo)
8. ocasiones	18. ley
9. cuestion	19. lei
10. cuestiones	20. fui

B. ¿Saben Uds. cuáles de estas palabras necesitan acento?

1. ¿a donde?	11. idea
2. alcazar	12. jovenes
3. biologia	13. linea
4. cañon	14. mas (more)
5. chimenea	15. obediencia
6. direccion	16. ¡que!
7. ejercito	17. rio (river)
8. fertil	18. rio (laughed)
9. gimnasio	19. si (yes)
10. hermosisimo	20. tu (your)

C. ¿Saben Uds. cuáles de estas palabras necesitan acento?

1. aldea	11. mision
2. bajare	12. nadie
3. ¿como?	13. Peru
4. dio	14. recibiria
5. ese (pronombre)	15. se (verbo)
6. fue	16. traido
7. habia	17. unico
8. imagen	18. vejez
9. juicio	19. Yucatan
10. llegabamos	20. zepelin

D. Haga una lista de todos los nombres españoles de los alumnos de la clase para determinar cuáles llevan acento.

NOTA: Con la publicación de "Nuevas normas de prosodia y ortografía" los eruditos de la Real Academia Española dieron a luz un nuevo reglamento respecto a la pronunciación y ortografía de ciertas palabras. Estas reglas entraron en vigor el primero de septiembre de 1952, pero su aplicación no era obligatoria hasta que se publicaron nuevas ediciones del Diccionario y de la Gramática en 1956.

Porque el español es un idioma vital y de uso extensivo pasa por cambios, y los filólogos de la Academia, aunque un poco conservadores, reconocen y estudian estos cambios y, cuando les parece conveniente, alteran sus promulgaciones.

Naturalmente en los libros publicados antes de la dicha fecha no se verán incluidos estos cambios.

Siguen de ejemplo tres de los cambios de más valor práctico:

1. Según la nueva norma no se acentúa ningún infinitivo; actualmente se puede escribir *huir* sin acento en la *i*.

2. Los pretéritos de una sola sílaba han perdido el acento ortográfico; se escriben: *fui, fue, dio, rio* y *vio* sin acento en la última vocal.

3. La Academia nos permite escoger la acentuación que nos guste más en una lista breve de palabras. Podemos decir *cardiaco* o *cardíaco, dinamo* o *dínamo, metamorfosis* o *metamórfosis, periodo* o *período,* y *reuma* o *reúma.* También hay en la lista otras palabras menos corrientes.

CAPITULO II

PUNTUACION

Mucho de lo que Uds. ya aprendieron en su clase de inglés acerca de la puntuación es de buen uso al escribir en español. Antes de emprender el estudio de este capítulo les sería ventajoso repasar los varios usos de los signos de puntuación y de las letras mayúsculas en inglés. Entenderán mejor este capítulo después de tal repaso.

A. Los signos de puntuación

¿Saben Uds. cómo se llaman los signos de puntuación en español? Si no, estudien sus nombres. Los signos son:

.	punto final	¡!	signos de admiración
,	coma	-	guión
:	dos puntos	—	raya
;	punto y coma	«»	comillas
¿?	signos de interrogación	()	paréntesis

La mayor parte de los signos de puntuación se emplean en español como en inglés con ciertas diferencias. Las diferencias son:

1. Se usa un signo invertido de interrogación antes de una pregunta; se puede colocar en medio de la oración:
   ¿Qué hizo Juan después de llegar a casa?
   Después de llegar a casa, ¿qué hizo Juan?

2. También se usa un signo invertido de admiración antes de una exclamación:
   ¡Válgame Dios!

3. En inglés a veces se usa el guión en las palabras compuestas pero esto se hace muy rara vez en español: limpiabotas, abrelatas

4. En español hay varios modos de puntuar las palabras exactas de otra persona. El método más común es poner una raya antes de la citación, y también después si unas palabras de explicación la siguen:

Carlos le dijo, —Vamos al cine.

—Vamos al cine— Carlos le dijo.

5. Las comillas se pueden usar como los signos de citación en inglés, es decir:

a ambos lados de una citación:

La maestra principió la clase gritándoles a sus alumnos «¡Hagan silencio!»

a ambos lados del título de un libro:

¿Ha leído Ud. «Los de abajo» por Mariano Azuela?

a ambos lados de una palabra de uso común (por ejemplo, una variación dialectal):

Mi «huiza» es muy chula.

a ambos lados de una palabra de un idioma extranjero:

¿Le gusta a Ud. el «cake» que hice?

B. Las letras mayúsculas y minúsculas

No se emplean las letras mayúsculas tanto en español como en inglés. Los usos principales son:

1. Al principio de cada oración:
El niño está consentido.

2. Al principio de un título:
Me gustó mucho «El mundo es ancho y ajeno.»

3. Con los nombres geográficos:
   El vive cerca de Santa Fe, Nuevo México, entre las montañas Sangre de Cristo y el Río Grande.

4. Con el nombre propio de una persona:
   La profesora se llama la señorita Margarita Hernández.

5. Con todas las palabras que se usan para referirse a Dios o a la Virgen:
   «Porque de tal manera amó Dios al mundo, que ha dado a su Hijo unigénito, para que todo aquél que en El cree, no se pierda, mas tenga vida eterna». Juan 3:16.

6. Con el nombre de una fiesta religiosa o nacional:
   el Viernes Santo; el Dieciséis de Septiembre.

7. Con ciertas abreviaciones:

usted	Ud.	señorita	Srta., Srita.
señor	Sr.	don	D.
señora	Sra.		

8. Nótese que no se usan letras mayúsculas con:
   los días de la semana,
   lunes, martes, miércoles, etc.
   los meses del año,
   enero, febrero, marzo, etc.
   las palabras que indican la nacionalidad,
   americano, mexicano
   el nombre de un idioma,
   inglés, español
   los títulos de una persona,
   el señor López, el capitán Morales, don Felipe
   los nombres de un partido político,
   demócrata, republicano

Ejercicios prácticos

A. Traigan a la clase ejemplos escogidos de su libro de lectura, de un periódico o de una revista de cada una de las diferencias entre el uso de los signos de puntuación en español y en inglés.

B. Hagan diez frases originales que ejemplifican los usos principales de las letras mayúsculas en español.

C. Hagan cinco frases originales que ejemplifican el uso de las letras minúsculas en español siendo que se usarían letras mayúsculas en inglés en tales frases.

D. En las frases siguientes pónganse las letras mayúsculas y los signos de puntuación necesarios:
  1. la campana sonó
  2. tomás josé y armando son hermanos
  3. a ramón le gusta platicar con berta pero al ver esto la profesora se enoja
  4. las frutas que comió anita son una manzana una pera y un plátano
  5. la mayor parte de las escuelas secundarias del sudoeste ofrecen cursos de español muchas de las escuelas del nordeste ofrecen clases de francés o latín
  6. sabes manejar una bicicleta carlitos
  7. cuidado te vas a caer
  8. él dijo usted debe ir a la oficina del doctor para que él le dé un buen examen
  9. cuánto cuesta este sombrero señor preguntó la señora
  10. cuándo es el track meet

E. En las frases siguientes pónganse las letras mayúsculas y los signos de puntuación necesarios:
  1. hizo buen tiempo ayer
  2. los alumnos de esta clase estudian el libro de texto historia breve de méxico
  3. el señor meléndez es de la provincia de castilla la nueva en españa
  4. la señora anita molina de valverde visitó el palacio de bellas artes

5. miguel puso la figurita del niño jesús en el pesebre
6. asistió olga a la fiesta del cinco de mayo
7. su dirección es
sr d felipe ramírez j
ave lerdo 215
cd chihuahua chih
méx
8. el lunes es el cuatro de febrero
9. unos de los canadienses hablan inglés otros francés
10. muchos no sabían si era republicano o demócrata el candidato

F. En las frases siguientes pónganse las letras mayúsculas y los signos de puntuación necesarios:

1. el río misisipí pasa por memphis tennessee
2. cuántos días tiene febrero este año
3. el autor de la novela josé es armando valdés
4. acabo de escribirle al sr d antonio de osma
5. me gustó mucho la película el quinto patio
6. mañana es viernes
7. en qué día del mes cae el viernes santo
8. qué bonita está la tarde
9. el capitán lópez se perdió en el mar
10. el día de navidad es cuando nació el niño dios
11. no no le dijo su papá a pepe
12. bueno contestó la señora le pagaré todo
13. no me gusta oír a nadie decir bato
14. el vapor llegó los pasajeros se desembarcaron
15. el señor vive en el brasil y habla portugués pero es argentino
16. al ver que había sido engañado exclamó caramba
17. el lunes por la tarde vamos a tener un juego de basketball
18. en el escritorio hay libros lápices plumas cuadernos y un tintero

19. la santísima virgen de guadalupe es la patrona de
    méxico
20. antes de leer todos los datos cómo puede él formar
    sin prejuicio una opinión del asunto

G. En las frases siguientes pónganse las letras mayúsculas
   y los signos de puntuación necesarios:
1. los últimos días de pompeya es el título de un libro
   de fama mundial
2. dios mío gritó él arrepentido de sus pecados
3. él dijo que ud nos acompañaría
4. qué idioma le gusta más señor coronel el español o
   el italiano
5. la casa rosada es el domicilio del presidente de la
   argentina
6. ojalá que tenga ud mucho éxito
7. después de haber estudiado el francés en la universidad ella nos escribió una carta en ese idioma
8. las montañas tres hermanas no están lejos de la
   frontera entre los estados unidos y méxico
9. u s a en inglés se escribe e u a en español
10. la mamá le dijo a su hijito que andaba arriba de la
    azotea hijo por dios bájate de ahí
11. cómo se puede decir chocolate cake en español
12. el joven vino de cd juárez chih
13. el mexicano y el americano son muy amigos
14. no te parece que hice bien
15. se cierra la escuela el treinta de mayo
16. el niño gritó el ladrón salió corriendo
17. la noche era de luna clara y hermosa
18. el señor muñoz director de la escuela está en su
    oficina
19. por qué se celebra el cinco de mayo
20. los funcionarios del club son josé villalobos presi-
    dente martín frésquez vicepresidente mariana flores
    secretaria y jesús villa tesorero

CAPITULO III

VARIACIONES DIALECTALES

Se encuentran en este capítulo palabras de varias categorías. Se incluyen arcaísmos, anglicismos, palabras confundidas en su significación, palabras con letras omitidas o añadidas, palabras con letras intercambiadas, problemas con *f, h* y *j*, y una lista miscelánea.

Aunque estas listas de variaciones dialectales son bastante extensivas, no son de ningún modo completas. A los que estudien este libro, le servirán de ejemplo de estas palabras. Podrán Uds. añadir sus propias palabras a éstas para mejorar su modo de expresarse.

Es probable que ninguna persona use todas las variaciones de estas listas; sin embargo, es verdad que se oye con frecuencia cada palabra en el habla de la gente de una u otra parte de los Estados Unidos.

A. Arcaísmos

Tras los siglos XVI, XVII, XVIII venían los exploradores, conquistadores y colonizadores españoles al país que hoy día se llama los Estados Unidos de América. A principios del siglo XIX lucharon los mexicanos por su independencia de España — y seguían emigrando para el norte. Este pueblo hispánico trajo consigo su lengua, y actualmente en unas regiones aisladas se preservan unas cuantas palabras

19

antiguas que usaban y que ya no se usan en los países de habla española. Otros arcaísmos son bastante corrientes en todas las naciones hispanoamericanas y aun en España.

Uso antiguo (Arcaísmo)	Uso moderno
aldrede	adrede
ansina, asina	así
añidir	añadir
asegún	según
ay	allí
caidré	caeré
carácteres	caracteres
creatura	criatura
delantar	delantal
dicir, dijir	decir
dijiera	dijera
dijieron	dijeron
dispués	después
divirtirse	divertirse
emprestar	prestar
escuro	oscuro
fierro	hierro
haiga	haya
hestoria	historia
linia, liña	línea
mesmo	mismo
nadien	nadie
naidie	nadie
naidien	nadie
onque	aunque
pidir	pedir
pos, pus	pues
previlegio	privilegio
quedré	querré
recebir	recibir

semos	somos
tamién	también
traidré	traeré
trajiera	trajera
trajieron	trajeron
trompezar	tropezar
truje	traje
trujo	trajo
túnico	vestido
vía	veía
vide	vi
vido	vio

Ejercicios prácticos

A. Escójase la palabra moderna:
1. No la (vide, vi) en la feria.
2. Las noches del invierno son muy (oscuras, escuras).
3. (Según, Asegún) los poetas, la primavera es la estación más bonita.
4. ¿Quieres el (mesmo, mismo) libro?
5. ¡Mire, (ay, allí) está un árbol con sus hojas amarillas!
6. (Pus, Pues, Pos) ya me voy.
7. (Naidien, Naidie, Nadien, Nadie) quiere volver a casa.
8. Estoy en la clase de (historia, hestoria).
9. (Semos, Somos) buenos amigos.
10. El alumno nuevo (trompezó, tropezó) en el corredor.
11. ¿Quiere Ud. (recibir, recebir) al presidente en su casa?
12. (Así, Ansina) se hace.
13. (Después, Dispués) de un momento la maestra (añidió, añadió), — Pueden entregarme los papeles mañana, si prefieren.
14. ¡Pobre (creatura, criatura)! Se siente muy enferma.

15. Su (delantar, delantal) estaba colgado en la puerta.
16. (Empréstame, Préstame) tu lápiz.
17. ¡Ojalá que no (haiga, haya) demasiados refrescos!
18. Mi padre (trujo, trajo) a casa un regalo para todos.
19. ¿Querías que te (trajera, trajiera) el pan?
20. Ana está segura de que él lo hizo (adrede, aldrede).
21. Si sigo, me (caeré, caidré).
22. En el baile piensan (divirtirse, divertirse) mucho.
23. (Dijieron, Dijeron) que todos iban a ayudarme.
24. ¿Cuántas (liñas, líneas, linias) hay en una sola página?
25. ¿Son de (fierro, hierro) o acero los marcos de las ventanas?

B. En esta conversación entre dos amiguitas en la sala de estudio al salir la profesora por un ratito, cambien los usos antiguos a palabras modernas.

Angelina: Empréstame tu pluma. Tengo que escribir una hestoria. Tamién me falta papel con liñas.

Elisa: Pos, no truje mi pluma esta mañana. Te la traidré a la una. ¿Sabes qué? Anoche mi mamá se enojó mucho porque manché mi delantar y mi túnico nuevo al trompezar ay en la cocina. Estaba muy escuro, y no vide la cafetera.

Angelina: Asina pasó ¿eh? Asegún lo que dijieron tus hermanitos todo fue aldrede.

Elisa: ¡Dios! Semos hermanos pero nunca sé qué van a dijir. No sabe naidie — ni porque les gusta divirtirse ansina.

Angelina: ¡Ojalá y no haiga más lecciones como ésta!

Elisa: Lo mesmo digo yo. ¿No quedrás pidirle prestada a Pepe su pluma dispués que vuelva él de su lección de música?

C. Repítase lo siguiente con los cambios indicados:
    1. ¿Lo hiciste   adrede?

¿_____ así?

¿_____ según tu parecer?

¿_____ allí?

¿_____ después?

¿_____ aunque te dije que no?

¿_____ aunque nadie te dijo que sí?

¿_____ también?

2. La mamá le decía a la criatura que no añadiera nada.

_____ dijera nada.

_____ prestara nada.

_____ recibiera nada.

_____ trajera nada.

_____ tropezara nada.

_____ debiera de divertirse nada.

_____ debiera de pedirle nada.

3. Allí se puede ver el delantal limpio.

_____ el cuadro obscuro.

_____ el marco de hierro.

_____ la historia de España.

_____ la línea blanca.

_____ el mismo niño.

_____ el vestido nuevo.

_____ los caracteres egipcios.

B. Anglicismos

A causa de su buen conocimiento del inglés y su escasa educación en español la gente de habla hispana al norte del Río Bravo inventa palabras cuando les parece necesario. Siempre que no sepan o no se puedan acordar del término español, hispanizan una palabra inglesa y resulta otro anglicismo.

Anglicismo	Español universal	Traducción
ambasador	embajador	ambassador
arme	ejército	army
baquiar	ir para atrás, retroceder	to go back
	hacer ir para atrás	to back
bil	cuenta	bill
bloque	cuadra	city block
bonche	manojo	bunch
breca	freno	brake
craquiar	cuartear, ventear	to crack
Crismas	Navidad	Christmas
cute	saco, sobretodo, chaqueta	coat
chainear	dar lustre, a embolar	to shine
chainero	limpiabotas, bolero	shoeshine boy
champeón	campeón	champion
chanza	oportunidad	chance
charife	alguacil mayor	sheriff
chequear	facturar; calificar	to check (a trunk); grade (a paper)
choque	tiza, gis	chalk
chuzar	escoger	to choose
daime	diez centavos	dime
dipo	estación	station, depot
escuela alta	escuela secundaria, escuela superior	high school
espeletear espeliar	deletrear	to spell
gasolín	gasolina	gasoline

grábol	grava	gravel
greve	salsa	gravy
huacha	reloj	watch, clock
huachar	mirar, ver	to look, see, watch
inspectar	inspeccionar	to inspect
juila	bicicleta	bicycle
lonchar	almorzar, comer	to eat lunch
lonche	almuerzo; comida	lunch; dinner
magazín	revista	magazine
mapa	trapeador	mop
mecha	cerillo, fósforo	match
mistir	perder, faltar	to miss, lose
nicle	cinco centavos	nickel
parquear	estacionar	to park
peni	centavo	cent
pichar	tirar	to pitch
piquenique	día de campo, jira campestre	picnic
pompa	bomba	pump
populación	población	population
puchar	empujar	to push
pul	billar	pool, billiards
quechar	coger	to catch
rula	regla	ruler
sainear	firmar	to sign
straiquiar	pegar	to strike
taipiar	escribir a máquina	to type
telefón	teléfono	telephone
tíquete	boleto	ticket
traque	vía	railroad track
troca	camión	truck
yaque	gato	jack

Ejercicios prácticos

A. Escójase la palabra universal:

1. El (embajador, ambasador) fue a España para asistir a una junta internacional.
2. La señorita Cisneros no pudo (baquiar, hacer ir para atrás, retroceder) el automóvil.
3. Voy a (chainear, dar lustre) a mis zapatos.
4. El se hizo el (champeón, campeón) del boxeo en el torneo de la ciudad.
5. La profesora va a (chequear, calificar) los papeles del examen.
6. La niña de don Jesús va a la (escuela alta, escuela secundaria).
7. Para escribir bien los alumnos tienen que aprender a (espeletear, deletrear).
8. El automóvil no usó más que cinco galones de (gasolín, gasolina) para ir a El Paso de aquí.
9. Al mediodía no (lonché, almorcé, comí) porque no tenía hambre.
10. En (este magazín, esta revista) se halla un artículo acerca de la bomba atómica.
11. El niño cogió (un cerillo, una mecha, un fósforo) y prendió fuego a la cortina.
12. Este lápiz no vale (nicle, cinco centavos).
13. Los miembros del Club Español gozaron de un (piquenique, día de campo) en la orilla del río.
14. La (pompa, bomba) de agua en el rancho se heló porque había nevado.
15. La (populación, población) de la ciudad de Nueva York es como ocho millones.

16. Enfrente del palacio municipal no se puede (parquear, estacionar).
17. Los jóvenes que están participando en los juegos de futbol tienen que pedir a sus profesores que tengan la bondad de (sainear, firmar) su tarjeta de elegibilidad.
18. El (chainero, bolero) iba descalzo por la calle.
19. La señorita Llano puede (escribir a máquina, taipiar) ochenta palabras por minuto.
20. El (telefón, teléfono) de la tienda Martínez no funciona bien.
21. Acaba de salir del (arme, ejército).
22. Le di al mendigo (diez centavos, un daime).
23. Hace cinco años que mi papá trabaja en (el dipo, la estación).
24. (Las brecas, Los frenos) no funcionan bien.
25. ¿Aquí se venden los (boletos, tíquetes)?
26. Ando buscando mi (rula, regla).
27. Ya no vive en (este bloque, esta cuadra).
28. ¿Cómo se llama el (charife, alguacil mayor) de este condado?
29. El día de su cumpleaños mi hermanito recibió una (bicicleta, juila) de nuestro tío.
30. ¿Cuántas palabras (perdió, mistió) Ud.?

B. En esta conversación entre dos muchachas rumbo a casa después de las doce, cambien los anglicismos a palabras de uso universal.

Tomás: ¿No estás cansado de puchar tu juila? Si tuviéramos pompa...

Andrés: Hay una en la troca. Está parqueada enfrente de mi casa. Tampoco trabajan bien las brecas.

Tomás: Tendrás que componer la llanta y las brecas después del lonche.

Andrés: No tendré chanza. ¿Vas a ir al juego a la noche?

Tomás: Si me queda más de un daime después de pagar mi bil en la confitería.

Andrés: Ya compré mi tíquete. ¿Qué te parece? ¿Quiénes van a salir champeones?

Tomás: ¿Quién sabe? Yo no soy champeón de la clase de álgebra. Esta mañana mistí cinco problemas.

Andrés: ¿De veras? Por lo menos sabes espeletear y taipiar bien. ¿Quién es ese hombre?

Tomás: ¿En el otro bloque junto al chainero?

Andrés: Sí, con el cute azul.

Tomás: ¿No conoces al charife? Nos huacha, ¿eh?

Andrés: Se me hace que no. ¿Ya salió tu hermano para el arme?

Tomás: Sí. Ayer fui con él al dipo a chequear su petaquilla. No volverá antes de Crismas.

C. Repítase siguiendo los apuntes:

1. El embajador cogió el boleto.

    _____ cuenta.

    _____ bolero _____.

    _____ inspeccionó _____.

    _____ revista.

    _____ alguacil mayor _____.

    _____ escogió _____.

    _____ reloj.

2. Se estacionó el camión enfrente de la escuela secundaria.

    _____ empujó _____.

    _____ bicicleta _____.

    _____ vio _____.

    _____ gato _____.

_____ perdió _____.

_____ teléfono.

_____ tiró _____.

D. Llénense los blancos de palabras de la lista anterior. Se puede cambiar la forma gramatical.

El joven había salido del _____ poco antes de la_____. Ahora se encontraba en la _____ del ferrocarril a unas seis _____ de su casa. Tenía que esperar un rato porque había _____ sus maletas. Prendió un _____, y comenzó a fumar, y _____ por todos lados. ¡Cuánto había aumentado la _____ de su pueblo!

Un _____ se le acercó y _____ _____ sus zapatos. El soldado le ofreció _____ al chico. Siguió _____ en torno suyo y _____ que las paredes de la _____ estaban _____. Hacía frío y se abrochó el _____. Su mente vagaba por sus recuerdos juveniles: la buena _____ que preparaba su madre, los _____ pasados en la sierra, los _____ _____ de cerezas que le robaba a su vecino, la escuela con su polvo de _____, la clase de mecanografía donde aprendió a_____, los campeones del equipo de futbol, el accidente en la _____ al lado del camino a causa los malditos _____.

Tomó una decisiva determinación a aprovecharse de sus _____ y no _____ más tiempo jugando al _____.

C. Palabras confundidas

Tengan cuidado con las palabras siguientes porque las de la primera columna no se aceptan con el significado indicado en la tercera.

Palabra confundida	Significado verdadero	Significado confundida	Palabra verdadera
averiguar	to find out	to argue	discutir, disputar
avispa	wasp	bee	abeja
correr	to run	to dismiss	despedir
cuece	cooks	sews	cose
chanza	joke	chance	oportunidad
chino	Chinese	curl	rizo
librería	bookstore	library	biblioteca
meterse	to meddle	to set (sun)	ponerse
nodriza	child's nurse	nurse (hospital)	enfermera
papalote	kite	windmill	molino de viento
penitencia	penitence, penance	penitentiary	penitenciaría
realizar	to realize (a dream, an ambition)	to realize, become aware of a fact	darse cuenta de
registrar	to examine, to search	to register (a letter)	certificar
salvar	to save (a life)	to save (money)	ahorrar
suave	smooth, soft	good, well	bueno, bien
tiro	team (of horses)	team (of players)	equipo
vestido	dress	suit	traje

Ejercicios prácticos

A. Escójase la palabra verdadera:

1. Voy a la (biblioteca, librería) para sacar un libro.
2. Va a (ponerse, meterse) el sol muy pronto.
3. El patrón (corrió, despidió) al empleado por ser descortés.
4. En el hospital hay muchas (nodrizas, enfermeras).
5. En la hacienda se halla un (papalote, molino de viento).
6. El ladrón fue mandado a la (penitenciaría, penitencia).
7. Los muchachos iban a (inscribirse, registrarse) en la escuela secundaria.
8. A mi hermano le gusta (salvar, ahorrar) dinero.
9. ¿Qué (equipo, tiro) ganó el juego de futbol del viernes pasado?
10. El hombre quería comprar un (vestido, traje) nuevo.
11. Las muchachas están (averiguando, discutiendo) y hacen mucho ruido.
12. Hoy día tenemos una buena (chanza, oportunidad) de obtener una educación.
13. (Realicé, Me di cuenta de) que había dejado de llover.
14. De sus (abejas, avispas) mi abuelito obtiene mucha miel.
15. Salvador está pensando en los (chinos, rizos) de Bárbara.

B. Hagan frases originales con cada una de las palabras de la primera columna fijándose en su significado verdadero.

C. Hagan frases originales con cada una de las palabras de la última columna.

D. Tradúzcanse las palabras inglesas:

   1. Me gustaría mucho ver a la enfermera.

     I would very much like to see the children's nurse.

     I would very much like to realize · my ambition.

     I would very much like to examine your suitcases.

     I would very much like to register this letter.

     I would very much like for him to become aware of that.

     I would very much like to see the team play.

     I would very much like to have a team of good horses.

   2. ¡No me digas que estaban disputando de vuelta!

     Don't tell me that he found it out!

     Don't tell me that he wants to do penance!

     Don't tell me that they sent him to the penitentiary!

     Don't tell me that she saved the money!

     Don't tell me that John saved her life!

     Don't tell me that he got a good job!

     Don't tell me that soap makes your hands smooth!

   3. Yo quisiera tener un traje nuevo.

     I would like to go to the library.

     I would like to register in this school.

     I would like to see a Dutch windmill.

     I would like to watch the sun set.

     I would like to touch the little girl's curls.

     I would like to have another chance.

     I would like to kill these bees.

D. Letras omitidas

Al parecer esta clase de uso debe su existencia a cierta rapidez por parte de la lengua y los labios.

Palabra incompleta	*Palabra completa*
almuada	almohada
anío	anillo

aparencia	apariencia
aquea	aquella
awa	agua
ay stá	allí está
caridá	caridad
cencia	ciencia
cintopiés	ciempiés, cientopiés
colorao	colorado
comigo	conmigo
croque sí	creo que sí
cuetes	cohetes
cuidao	cuidado
chabacán	chabacano
diciséis, etc.	dieciséis, etc.
doreales	dos reales
ea	ella
experencia	experiencia
gradarse	graduarse
Gualupe	Guadalupe
hogar	ahogar
horita	ahorita
humado	ahumado
Inacio	Ignacio
inorante	ignorante
istrumento	instrumento
ivierno	invierno
obedencia	obediencia
onde	donde
otavo	octavo
pa	para
pa lla	para allá
pa mí	para mí
pacencia	paciencia
paralis	parálisis
soldao	soldado

se	sed
toavía	todavía
vitoria	victoria

Ejercicios prácticos

A. Para recordar bien cuál es la palabra completa, lean Uds. varias veces en voz alta y muy claramente las palabras de la segunda lista.

B. Tradúzcanse al español las palabras inglesas:
1. ¿Cuándo piensa Ud. _____ (graduate)?
2. ¿_____ (Where) está mi _____ (firecracker)? _____ (There it is).
3. Tengo miedo de que él se vaya a _____ (drown) porque le hace falta _____ (experience) en el _____ (water).
4. ¿Le gusta a Ud. la _____ (science)?
5. Acaban de recibir sus _____ (rings) los alumnos del cuarto año.
6. ¿Cómo es que no hay _____ (pillows) en la cama?
7. _____ (That) loma se llama el Cerro _____ _____ (Smoky).
8. Me parece que esta revista no vale _____ (two bits).
9. ¿Es _____ (for me) o _____ (for her)?
10. Todos los maestros debieran tener mucha _____ _____ (patience).
11. ¿Qué _____ (instrument) sabes tocar?
12. El niño se murió de la _____ (paralysis) infantil.
13. El perrito tiene _____ (thirst).
14. ¡Tengan Uds. mucho _____ (care)!
15. ¿A cómo se venden los _____ (apricots)?

16. Una de las virtudes más admirables es la_____
    _____ (charity).
17. La _____ (appearance) del espectro
    nos asustó a todos.
18. Había un _____ (centipede) debajo
    de la piedra.
19. Su novia tiene el cabello _____ (red).
20. ¿No van Uds. a ir _____ (with me)?
21. A veces _____ (I think so).
22. Mi prima es una muchacha linda de _____
    _____ (sixteen) años.
23. Tienen que salir _____ (right away).
24. No es tan _____ (ignorant) como
    perezoso.
25. ¿Quién ganó la _____ (victory)?

C. Repítanse las oraciones siguientes:

   1. ¿Me hace el favor de traerme otra almohada?
      ¡Qué bonito anillo!
      La fruta es de buena apariencia.
      ¿Qué te parece aquella casa?
      ¿Me permite tomar agua?
      Allí está mi sobrinito.
      La caridad es una virtud admirable.
      Hoy día la ciencia es de mayor importancia.
      Le asustó el ciempiés.
      Perdí mi lápiz colorado.
   2. María iba a la escuela conmigo.
      La maestra dijo, —Creo que sí.
      En la Navidad se disparan cohetes.
      Escriben sin cuidado alguno.
      ¿Cuándo se maduran los chabacanos?
      Tiene dieciséis o diecisiete años.
      Me costó dos reales.
      Ella es amiga suya.

¿Tiene ella experiencia como secretaria?
¿Va a graduarse Juan esta primavera?

D. Respóndase siguiendo las sugestiones y empleando las palabras en cursiva.

1. ¿Quién se llama *Guadalupe?* (ese joven)
Se llama *Guadalupe* ese joven.
¿Dónde se *ahogó el hombre?* (en el lago)
¿Quién viene *ahorita?* (mi hermano)
¿Qué parte de la casa está *ahumada?* (la cocina)
¿Qué orden fundó San *Ignacio* de Loyola? (de los jesuitas)
¿Dijiste que quién es *ignorante?* (Carlos)
¿Cuántos *instrumentos* distintos toca el director de la banda? (doce)
¿Cuáles son los meses del *invierno?* (diciembre, enero y febrero)
¿A quiénes les importa mucho la *obediencia?* (a los soldados)
¿Sabes *dónde* estarán mis lentes? (no sé)

2. ¿Cuál es el *octavo* mes del año? (agosto)
¿Para dónde salen mañana? (México)
¿Llegarán *para allá* antes del anochecer? (estoy seguro)
¿Es este regalito *para ella?* (no, para mí)
¿Tiene ella bastante *paciencia* para aguantarlos? (sí)
¿Cuál de los hijos se enfermó de la *parálisis?* (el menor)
¿En qué ciudad se alistó ese *soldado?* (en Albuquerque)
¿Tienes *sed?* (mucha)
¿Quiénes se quedan *todavía?* (José y Pablo)
¿Cuál de los dos equipos ganó la *victoria?* (el nuestro)

E. Letras añadidas

En estas palabras se han metido unas letras superfluas.

Palabra con letra añadida	Palabra completa
afigurarse	figurarse
aigre	aire
barajiar	barajar
bosteciar	bostezar
cayer	caer
cirgüela	ciruela
creyer	creer
dientista	dentista
districto	distrito
leyer	leer
muncho	mucho
oyer, oyir	oír
parquete	paquete
sonreyir	sonreír
tíguere	tigre
trayer	traer
trotiar	trotar
viejez	vejez
virgüela	viruela

Ejercicios prácticos

A. Para recordar bien cuál es la palabra completa, lean Uds. varias veces en voz alta y muy claramente las palabras de la segunda lista.

B. Tradúzcanse al español las palabras inglesas:

1. ¡Te vas a _____ (fall)!
2. A veces la _____ (old age) y la juventud no se entienden a fondo.
3. El torneo del _____ (district) principia el viernes.

4. No puedo _____ (hear) bien.

5. A nadie le gusta visitar a su _____
(dentist).

6. Hace _____ (wind) por dondequiera en
el mes de marzo.

7. El anciano tiene sueño y no puede menos de _____
_____ (yawn).

8. Le toca a Ud. _____ (shuffle).

9. ¿Viste al _____ (tiger) en el circo?

10. ¿Oye Ud. _____ (trot) el caballo?

11. No iban a _____ (bring) nada más que
las sodas.

12. El cartero nos trajo un _____ (package).

13. Su madre no va a _____ (believe) eso.

14. ¿Cuánto vale la libra de _____ (plums)?

15. Me gustaría _____ (much) volver a verlo.

C. Prepárense para escribir al dictado estas oraciones:

1. ¡Figúrate! Se van a casar.
   El aire entra por el vidrio hendido.
   Baraja los naipes y repártenoslos pronto.
   No pude menos de bostezar.
   Sería muy fácil caer en estos escalones.
   La señora quiere dos libras de ciruelas.
   Nadie puede creer eso.

2. ¿Dónde queda la oficina del dentista?
   Estos jugadores son los campeones del distrito.
   El leer es un pasatiempo muy popular.
   Mucho, mucho, nos gusta esquiar.
   Ayer él vino por el paquete.
   Tengo ganas de verte sonreír.
   Luisa ha de traer dos pasteles.
   ¿Traes tu certificado de vacuna contra las viruelas?

F. Letras intercambiadas

En la lista siguiente se hallan unas palabras en las cuales se ha extraviado una letra.

Palabra con letras intercambiadas	*Palabra exacta*
cabresto	cabestro
catágolo	catálogo
estógamo	estómago
Grabiel	Gabriel
murciégalo	murciélago
pader	pared
parde	padre
pétrel	peltre
pierda	piedra
polvadera	polvareda
probe	pobre
redepente	de repente
redetir	derretir
suidad	ciudad
treato	teatro

A. Lea el párrafo siguiente:

El *pobre* de *Gabriel* se apoyó en la *pared* porque le dolía el *estómago*. Por un rato jugó con el *cabestro* que había admirado en el *catálogo* y que después su *padre* le había regalado. *De repente* comenzó a tirar *piedras* hacia una olla de *peltre*. Hacía frío y pensaba así, —Ojalá que pronto se *derrita* la nieve y no se suelte una *polvareda* para que yo pueda llevar a Elena a la *ciudad*. ¡Cuánto le encanta el *teatro*! ¡Qué curiosas son las muchachas! ¡A Elena siempre le asustan los *mendigos*... y los *murciélagos*!

40 ESPAÑOL PARA LOS HISPANOS

Ejercicios prácticos

A. Para recordar bien cuál es la palabra exacta, lean Uds. varias veces en voz alta y muy claramente las palabras de la segunda lista.

B. Escójase la palabra exacta:

1. ¿Puedes usar bien el _____ (cabestro, cabresto)?
2. ¿Qué cosas trae el _____ (catálogo, catágolo)?
3. La mayor parte de la digestión toma lugar en el _____ (estómago, estógamo).
4. La mantequilla se va a _____ (redetir, derretir).
5. Juan estaba corriendo; _____ (redepente, de repente) se cayó.
6. La _____ (pared, pader) está construida de adobe.
7. ¿Tienes una taza o un plato de _____ (pétrel, peltre)?
8. Apúrate que se va a soltar una _____ (polvareda, polvadera).
9. ¡La _____ (probe, pobre) mamá!
10. ¿Has visto el _____ (treato, teatro) nuevo?

C. Escriban diez frases originales con las palabras exactas.
D. Muchas veces en *mendigo* y *ojalá* la posición del acento es cambiada. Evítense: *méndigo* y *ójala*.

Escójase la palabra correcta:

1. El _____ (mendigo, méndigo) llegó a mi casa.
2. _____ (Ojala, Ojalá) que yo pase este curso.
3. El _____ (mendigo, méndigo) anda de puerta en puerta.
4. _____ (Ojala, Ojalá) que sea buen día hoy.
5. ¡_____ (Ojalá, Ojala) que sí!

G.   Problemas con *f*, *h* y *j*

A veces se confunden las letras *f*, *h* y *j* en la pronunciación o en el deletreo de ciertas palabras.

Es fácil comprender uno de estos problemas porque en el castellano de la Edad Media se escribían palabras con *f* que hoy día en el español moderno se escriben con *h;* por ejemplo: *facer* se ha cambiado en *hacer* y *fierro* en *hierro*. ¡Las palabras pueden pasar de moda tan bien como los sombreros!

Palabra problemática	*Palabra exacta*
ajuera	afuera
frifoles	frijoles
fuego	juego
fugar	jugar
funtos	juntos
jalar	halar
jallar	hallar
jeder	heder
jervir	hervir
jondo	hondo
joso	oso
joyo	hoyo
jué	fue
juerte	fuerte
juí	fuı
juimos	fuimos
juir	huir
mojo	moho

Ejercicios prácticos

A. Para recordar bien cuál es la palabra moderna, lean Uds. varias veces en voz alta y muy claramente las palabras de la segunda lista.

B. Escójase la palabra exacta y moderna:

1. La pintura ha de (heder, jeder).
2. Me (juí, fui) a las siete.
3. Ellos (fugaron, jugaron) con José.
4. El río está muy (hondo, jondo).
5. El (joso, oso) se cayó en la trampa.
6. Nosotros siempre trabajamos (juntos, funtos).
7. El clavo tenía mucho (moho, mojo).
8. ¿Dónde está el (fuego, juego) de «basketball» de este viernes?
9. ¿Vio Ud. al hombre (fuerte, juerte) del circo?
10. El ladrón se (huyó, juyó) de la casa.
11. Está haciendo mucho frío (afuera, ajuera) hoy.
12. En medio del camino había un (joyo, hoyo) grande.
13. ¡Cuánto le gustan los (frijoles, frifoles)!
14. Se va a (jallar, hallar) en peligro.
15. Ya (hierve, jierve) el agua.

C. Llénese cada espacio de una palabra apropiada de la segunda columna:

1. Se oye que siempre se les sirven _____ a los soldados.
2. Anoche Elena y yo _____ juntos a las vistas.
3. En el estado de Chihuahua hay una barranca muy

_____.
4. Los rebeldes se vieron obligados a _____.
5. Se cree que los mayas no tenían herramientas de hierro, pero si las hubieran tenido el _____ las habría destruido a través de los siglos.
6. ¡Nunca va a _____ el café!
7. ¿Cómo resultó el _____ de «basketball» de la semana pasada?
8. Los muchachos salen a las dos a _____ al futbol en Albuquerque.

9. Toño andaba por la calle _____ su carrito.
10. No es muy grande el _____ alrededor del árbol.
11. No lo veo; debe estar _____.
12. ¿No puedes _____ tu cachucha?
13. ¡Qué feo _____ la basura!
14. El _____ que vimos en el parque nacional de Yosémite quería que le diéramos de comer.
15. A ver, ¿cuál de los dos boxeadores es el más _____?

D. Sustitúyase el verbo apropiado:

1. Los niños juegan juntos afuera.
   Nosotros _____.
   Carlos y yo _____.
   Pepe y Paco _____.
   Las niñas _____.
2. Me hallé en mi pueblo natal.
   (él) _____.
   (ellos) _____.
   (nosotros) _____.
   (Ud.) _____.
3. El labrador huyó llevándose herramientas cubiertas de moho.
   Los peones _____.
   Nosotros _____.
   yo _____.
   El caporal _____.
4. Fui a ver al oso fuerte que había caído en el hoyo hondo.
   (ella) _____.
   (nosotros) _____.
   (ellos) _____.
   (yo) _____.
5. Los frijoles hervían en la estufa.
   El agua _____.

El café _____.
Las ciruelas _____.
La leche _____.

H. Otras variaciones dialectales

Todos los alumnos de la clase no usarán todas estas palabras. Lean a sí mismos las palabras inglesas y a la vez tradúzcanlas al español verificando la validez de la palabra que suelen usar. Después estudien las palabras que pierdan o de las cuales no estén plenamente seguros.

Palabra confundida	Palabra universal	Traducción
abuja	aguja	needle
abujero	agujero	hole
agüelo	abuelo	grandfather
alimal	animal	animal
almitir	admitir	to admit
amarilloso	amarillento	yellowish
anochi	anoche	last night
antonces	entonces	then
arismética	aritmética	arithmetic
aseguranza	póliza de seguro	insurance policy
asemblea	asamblea	assembly
atender	asistir	to attend, be present at
caindo	cayendo	falling
celebro	cerebro	brain
clas	clase	class
companía	compañía	company
copear	copiar	to copy
¿cúbole?	¿qué húbole? ¿qué tal?	hello, how are things?
chíquete	chicle	gum
decedir	decidir	to decide
demás	demasiado	too much

Palabra confundida	Palabra universal	Traducción
despidirse	despedirse	to say goodbye
diricción	dirección	address
dispertar	despertar	to awake
domás	no más	no more, only
durmido	dormido	asleep
eligir	elegir	to elect
escuelante	estudiante	student
gomitar	vomitar	to vomit
hojelata	hojalata	tin
huerfanato	orfanato	orphanage
impuesto	acostumbrado	accustomed
incontrar	encontrar	to meet
joventud	juventud	youth
lechi	leche	milk
lengón	lenguón	liar
lion	león	lion
macánico	mecánico	mechanic
maistro	maestro	teacher
maiz	maíz	corn
manijar	manejar	to drive
marqueta	mercado	market
medecina	medicina	medicine
nojotros	nosotros	we
nublina	neblina	fog
nuevecientos	novecientos	nine hundred
ñublao	nublado	foggy
ole	huele	smells
oyemos	oímos	we hear
pais	país	country
pelegrino	peregrino	pilgrim
pidía	pedía	asked
poro	pero	but
raiz	raíz	root

recebir	recibir	to receive
resurarse	rasurarse	to shave
redículo	ridículo	ridiculous
rieso	recio	fast, loud
sietecientos	setecientos	seven hundred
sirvir	servir	to serve
siñor	señor	mister, sir
sospresa	sorpresa	surprise
Tengo nomás cinco.	No tengo más que cinco	I only have five.

Ejercicios prácticos

A. Escójase la forma universal:
1. Hay muchas niñas en el _____ (huer-fanato, orfanato).
2. Ella estaba _____ (impuesta, acostumbrada) a hacer lo que sus padres decían.
3. El señor que estaba hablando es muy _____ (lengón, lenguón).
4. Los estudiantes van a _____ (recibir, recebir) sus anillos esta semana.
5. ¿A Ud. le gusta mascar _____ (chíquete, chicle)?
6. Los _____ (escuelantes, estudiantes) tendrán sus exámenes el próximo martes.
7. El _____ (peregrino, pelegrino) vino de Inglaterra.
8. A Marianita no le gustó la _____ (medicina, medecina).
9. En las mañanas de invierno hay mucha _____ (neblina, nublina).
10. El autobús iba muy _____ (rieso, recio) cuando el niño cruzó el camino.
11. La cosa es muy _____ (ridícula, redícula).
12. Pedro se va a _____ (dispertar, despertar).

13. La señorita le dio su _____ (dirección, dirición) al señor.
14. Los socios van a _____ (eligir, elegir) a María presidenta del club.
15. _____ (Anochi, Anoche) mi primo regresó de México.
16. Los niños beben mucha _____ (lechi, leche).
17. El _____ (siñor, señor) Gonzales es el alcalde del pueblo.
18. El va a _____ (rasurarse, resurarse) antes de que lleguen los convidados.
19. El _____ (maistro, maestro) de química es el señor López.
20. Ella sabe _____ (manejar, manijar) el automóvil.
21. El niño se va a _____ (gomitar, vomitar) porque se comió todo el pastel.
22. El plato es de _____ (hojelata, hojalata).
23. El chico salió a _____ (encontrar, incontrar) a su padre.
24. La _____ (juventud, joventud) de hoy en día es muy ambiciosa.
25. ¿Estás lista para _____ (servir, sirvir) la mesa?
26. Tengo que _____ (decidir, dicidir) qué contestarle.
27. El no quiere _____ (despedirse, dispidirse) de su tía.
28. ¿_____ (Domás, No más) la primera?
29. Perdí mi _____ (abuja, aguja) de plata.
30. Nació en el año mil _____ (nuevecientos, novecientos) cinco.

B. Escriban diez frases originales en las cuales se usan palabras de la segunda columna. Después, cada alumno por su turno leerá a la clase a lo menos una de sus frases omitiendo la palabra escogida. Los otros, mirando la lista si les parece necesario, escribirán en papel la palabra omitida. Para que puedan adivinar con bastante facilidad los demás, todos tendrán que preparar frases que sugieran la palabra omitida. Es mejor no usar más que una vez la misma palabra. Después que todos hayan leído una frase, cambien los papeles para saber quiénes hayan adivinado todas las palabras.

C. Hagan diez frases originales, cinco con palabras universales de "Otras variaciones dialectales" y cinco con palabras confundidas. Después cada alumno a su turno leerá a lo menos una de sus frases a la clase. Los otros, esta vez sin mirar la lista, escribirán "sí" si todas las palabras de la frase están bien y "no" si oyen una variación dialectal. No se repite la misma palabra de la lista.

D. Repítase lo siguiente con los cambios indicados:

1. Allí está el animal que quiero ver.
   ---------------------- la póliza de seguro.
   ---------------------- el estudiante.
   ---------------------- el orfanato.
   ---------------------- el león.
   ---------------------- el mecánico.
   ---------------------- el maestro.
   ---------------------- el maíz.
   ---------------------- la medicina.
   ---------------------- el mercado.

2. ¿Tienes que admitirlo?
   ¿---------------------- asistir a la clase?
   ¿---------------------- copiar el poema?
   ¿---------------------- decidirlo ahora?
   ¿---------------------- despedirte de él?
   ¿---------------------- despertarlo?

¿----------------------- elegir un presidente?
¿----------------------- vomitar?
¿----------------------- manejar tan rápido?
¿----------------------- rasurarte?

3. ¿Cómo es que no le gusta la aguja?

¿----------------------- el abuelo?
¿----------------------- la aritmética?
¿----------------------- la asamblea?
¿----------------------- la compañía?
¿----------------------- el chicle?
¿----------------------- la juventud?
¿----------------------- la leche?
¿----------------------- la neblina?
¿----------------------- el país?

4. Anoche vi un agujero en su saco.

--------------- un bonito vestido amarillento.
--------------- al hombre cayendo del balcón.
--------------- su dirección en un sobre.
--------------- a un niño dormido.
--------------- un techo de hojalata.
--------------- novecientos becerros.
--------------- al peregrino arrodillado ante el altar.
--------------- el cielo nublado por completo.
--------------- a una mujer desmayarse de sorpresa.

I. El habla de los jóvenes

La jerga siempre ha despertado el interés de los jóvenes. Les parece enérgicos y pintorescos los vocablos de tal lenguaje. Muy rara vez, bajo ciertas circunstancias, se le permite a un joven hablando en broma el uso de la jerga. Se puede usar la jerga entre amigos íntimos pero no se usa en escuela o en situaciones más formales.

¿Quieren Uds. expresar en español las oraciones que siguen? Tendrán que cambiar la jerga y otras palabras bastante corrientes. Pueden referirse a la lista del habla de los jóvenes y también a otras secciones de este capítulo.

1. ¡Hórale, ésos! ¿Pa ónde la tiran?
2. ¡Qué estás destrampado! Vinimos a tener chiste, no a chisquiar.
3. Pícale, vamos a borrarnos.
4. Chale. No puedo trafiquiar porque tengo escarcha.
5. Cálmate. De volada me entacucho.
6. ¿Ya conseguiste jale?
7. ¡Qué gacho! ¡Tenemos que talonear a la escuela!
8. Ponte trucha. A él le gusta poner dedo y pacotiar.
9. No hallo mis calcos ni mi lisa azul.
10. Tu jaina traiba la lira hace un recle.
11. Ese papero me escama cuando se pone una.
12. ¿Qué te pica? ¿No te gusta esta rola?
13. No te cures, Juan. De veras él se lo clavó.
14. No me cailes eso. La jura no me metió en el bote.
15. ¿Se la echó de pinta?

Pepe: ¿*Cúbole,* Pancho? ¿No me quieres dar *frajo?*

Pancho: Simón. ¡Y *mecha?* ¿Estás *dioquis?*

Pepe: No. Tengo buena *chamba.* Es que *anochi* me *jambaron* mi *huacha* y todo mi *jando.* Pero no estoy *buri agüitado.*

Pancho: ¡*Hórale!* ¿No *hicistes* nada?

Pepe: ¿Y qué? No tenía *chanza.* Ese *bato traiba fila.* El sábado te *vide* en el *borlo* con tu *huiza.* ¡Qué *changa* ésa! ¡Y qué *suave tira chancla!* ¿*Toavía* te gusta *vacilar?* «Love 'em 'n leave 'em» ¿eh?

Pancho: Ya no. No me *tires al lion.* Eso me está cayendo muy *sura.* Pienso casarme.

Pepe: No te *caldíes* tanto, *camita.* No sabía que te *vías canicado.*

Pancho: Sirol. ¿Quieres una *birria?*

Pepe: Me gustaría *pistiar* contigo, *poro* mi *jefa* me espera en el *cantón.* Tendrá listo el *refín.* ¿Qué ese *chavo* que viene en la *ranfla* es tu *carnal?*

Pancho: Los dos vamos al *mono.*

Pepe: Ay te *huacho.*

El habla de los jóvenes

Jerga	*Español universal*
a la brava	en serio, de veras o por la fuerza
agüitarse	ponerse triste
dejar	no cumplir con una cita
babiarse	hacer mal
birria	cerveza
bote	cárcel
bonquiar	dormir
borrarse	irse
borlo	baile
buri	mucho
buscar pedo	buscar pleito
caer sura	caer pesado o mal
cailar	preguntar
calcos	zapatos
calmarse	esperarse
camita	amigo
canicarse	enamorarse
cantón	casa
carnal	hermano
clavarse	robar

colgar los tenis	morirse
cuero	bien parecido
curarse	reírse
chale	no
chamaco	niño
chamba	trabajo
chanclear	bailar
changa	linda
chante	casa
chavo	muchacho
chicano	mexicano
chisquiar	hacer mal
chota	policía
chuchululco	dulce
dejar parada	no cumplir con una cita
destrampado	loco, trastornado
de volada	pronto
dioquis, estar dioquis	no estar trabajando
empedarse	tomar
entacucharse	vestirse para salir
escamar	asustar
escarcha	resfriado, resfrío
feria	cambio
fila	navaja, cuchillo
frajo	cigarro
gabacho	americano
gacho	feo, malo
¡Hórale!	¡Ande!
huisa	novia
jaina	novia
jalar	trabajar
jale	trabajo
jefe	papá
jura	policía
lira	guitarra

lisa	camisa
maderista	el que se cree muy grande
manopla	mano
me la rayo	juro
mono	cine
pacotiar	golpear a traición
papero	mentiroso
¿Para dónde la tiras?	¿Para dónde vas?
pícale	apúrate
pinta	cárcel
pintarse	irse
pistiar	tomar
pisto	trago
poner dedo	acusar, delatar
ponerse una	tomar
ponerse trucha	ponerse alerto, vivo
¿Qué te pica?	¿Qué te molesta?
quemar hule	bailar
ranfla	automóvil, coche
rayarse	hacer bien
recle	rato
refín	comida
refinar	comer
requetiar	robar
rola	pieza o canción
rolar	dormir
ruco	viejo, anciano
sacar la garra	burlarse
salir tablas	salir parejos
se lo bailó	ganó un pleito
se la echó de pinta	se escapó de la escuela
simón	sí
sirol	sí
taconear	bailar
talonear	andar a pie

tirar al lion	burlarse
toriquiar	hablar
trafiquiar	dar la vuelta, pasearse
tramos	pantalones
trampar oreja	dormir
trola	fósforo
un fregal de	mucho
vacilar	divertirse con muchachas, engañar
vaino	malo
volarse	robar

Ejercicios prácticos

A. Sepárense en grupos de dos o tres alumnos, y escriban una conversación divertida en la cual se usan tantas palabras problemáticas de este capítulo como les sea posible. Presenten el juego ante la clase. Los demás estudiantes harán una lista de todas estas palabras que oigan. Pueden Uds. escoger sus propios personajes o pueden preparar una conversación entre:

El vendedor de periódicos y un hombre de negocios
Tres borregueros
Un ranchero y dos de sus vaqueros
El profesor y un «chamaco»
Un pachuco y su «huiza»
Dos alumnos y una alumna
La señora de la casa y un vagamundo
Dos secretarias ineficaces.

B. Durante el mes que entra escriban en una sección apartada de la pizarra todas las palabras problemáticas que tienen los miembros de su clase. Tendrán que ponerse vivos para oír estas palabras y las de sus compañeros. Al fin de cada ocho días estudien estas palabras problemáticas y empiecen otra lista para la próxima semana.

CAPITULO IV

PROBLEMAS GRAMATICALES

Cualquiera que sea el idioma, al hablarlo nos presenta problemas. Tenemos ciertos problemas en la gramática inglesa y otros distintos en la gramática española. Los alumnos de habla inglesa al aprender el español como idioma extranjero no tienen los mismos problemas que tienen los hispanoparlantes al hablar su propia lengua. El propósito de este capítulo es ayudarles a éstos a perfeccionarse sus problemas gramaticales como en su clase de inglés estudian para perfeccionarse en ese idioma.

A. El presente del indicativo

La primera persona plural del presente de los verbos en *-ir* termina en *-imos*. Ejemplo: *vivimos*. (Problema: *vivemos*.)

Ejercicios prácticos

A. Sustitúyase por el infinitivo la primera persona plural del presente:

1. Tomás, Juan, y yo (vivir) _____ con la tía porque nuestra madre está muerta.
2. ¡Ah, miren Uds.! Nosotros no (decir) _____ ēso.
3. ¡Adiós, ahora (salir) _____ para el Brasil!
4. Marta y yo (venir) _____ para ver la famosa noria que se encuentra aquí.
5. Les (escribir) _____ a nuestras madres para que sepan que hemos llegado al campamento sanos y salvos.

    6. Pero, mamá, no podemos entrar; ahora (abrir)
       _____ el baúl.

    7. Nosotros los profesores no (permitir) _____
       eso.

    8. Todos los días mi hermano y yo (subir) _____
       al piso segundo por el elevador.

    9. Nos (divertir) _____ mucho en esta clase.

   10. Nosotros (asistir) _____ a la escuela secundaria.

B. Repítanse:

   Nos arrepentimos de eso todos los días.
   Lo bendecimos por su generosidad.
   Convenimos en irnos, ¿verdad?
   Año tras año descubrimos más de la ciencia.
   Así destruimos la amistad.
   No nos mentimos el uno al otro.
   Preferimos el pollo frito.

C. Contéstense con los cambios indicados:

    1. ¿Cuánto tiempo hace que Uds. construyen casas?
       Hace un año que construimos casas.
      ¿Cuánto tiempo hace que Uds. se reúnen aquí?
       Hace un año que . . . .
      ¿Cuánto tiempo hace que Uds. le refieren cuentos
      de hadas?
       Hace un año que . . . .
      ¿Cuánto tiempo hace que Uds. sirven sopaiillas?
       Hace un año que . . . .

    2. ¿A qué hora concluyen sus tareas?
       Las concluimos a las diez.
      ¿A qué hora corrigen Uds. los papeles?
       . . . . a las diez.

¿A qué hora cubren Uds. la jaula de canario?

.... a las diez.

¿A qué hora se duermen Uds.?

.... a las diez.

¿A qué hora eligen Uds. a los funcionarios del club?

.... a las diez.

3. ¿Cuándo le advierten Uds. del peligro?

Mañana le advertimos del peligro.

¿Cuándo conducen Uds. a los turistas por las ruinas?

Mañana ....

¿Cuándo consiguen Uds. empleo?

Mañana ....

¿Cuándo contribuyen Uds. a la Cruz Roja?

Mañana ....

¿Cuándo lucen Uds. la ropa nueva?

Mañana ....

B. El presente del subjuntivo

La primera persona plural del presente del subjuntivo no lleva acento escrito, y por eso el énfasis cae en la penúltima sílaba. Ejemplos: ha*ble*mos, co*ma*mos y vi*va*mos. (Problema: há*b*lemos, có*m*amos y ví*v*amos.)

Ejercicios prácticos

A. Sustitúyase por el infinitivo la primera persona plural del subjuntivo:

1. Nos da el reloj para que nos (despertar) _____ temprano.

2. Ojalá que pronto (vender) _____ la casa.

3. La profesora nos dice que (escribir) _____ con tinta.

4. Es una lástima que no (poder) _____ hacerlo.

5. (Leer) _____ en voz alta.

6. ¿Nos dice el policía que (tomar) _____ este tranvía?

7. Ojalá que (llegar) _____ a tiempo.

8. ¿No es mejor que todos (cantar) _____ juntos?

9. Él nos aconseja que (tener) _____ cuidado.

10. Antes de que nos (dormir) _____, tenemos que abrir las ventanas.

B. Lean en voz alta y muy claramente esta lista de verbos en la primera persona plural del presente del subjuntivo:

pasemos	aprendamos	subamos
busquemos	paguemos	crucemos
averigüemos	cojamos	dirijamos
distingamos	conozcamos	venzamos
traduzcamos	confiemos	graduemos
huyamos	cerremos	perdamos
contemos	volvamos	sintamos
muramos	pidamos	caigamos
digamos	hayamos	hagamos
vayamos	oigamos	podamos
pongamos	queramos	sepamos
salgamos	tengamos	traigamos
valgamos	vengamos	veamos

C. Cámbiense las oraciones del singular al plural:

1. Ojalá que yo baile bien.
   Ojalá que nosotros bailemos bien.
   Ella quiere que yo no le prometa nada.
   Ella quiere que nosotros no . . . .
   Juan insiste en que yo le pague.
   Juan insiste en que nosotros . . . .
   Mi prima no cree que yo lo conozca.
   Mi prima no cree que nosotros . . . .
   La maestra teme que yo no me gradúe.
   La maestra teme que nosotros no . . . .
   Me persigue a dondequiera que vaya.
   Me persigue a dondequiera que nosotros . . . .

Me da el mantel para que ponga la mesa.
Nos da el mantel para que nosotros . . . .
Ella siempre llega después de que yo salga.
Ella siempre llega después de que nosotros . . . . . .
2. Ojalá que yo acabe el libro antes de mañana.
Ojalá que nosotros acabemas el libra antes de mañana.
Desean que yo los busque ahora mismo.
Desean que nosotros . . . .
Me dice que cruce la calle sin pararme.
Nos dice que . . . .
Puede ser que yo lo distinga de aquí.
Puede ser que nosotros . . . .
¡Cuánto se alegra de que yo confíe en él!
¡Cuánto se alegra de que nosotros . . . .!
El dueño busca un coche que yo pueda comprar.
El dueño busca un coche que nosotros . . . .
No me ayudará a menos que venga temprano.
No nos ayudará a menos que nosotros . . . .
Todas las mañanas ella sale antes de que yo la vea.
Todas las mañanas ella sale antes de que nosotros. . .
D. Cámbiense los mandatos del singular al plural:

1. Levántese.   Acuérdese.   Acuéstese.
   Súbase.   Vuélvase.   Sálgase.
   Véngase.   Desayúnese.   Péinese.

2. Pásele la mantequilla.   Pásenle la mantequilla.

   Págueme todo el dinero.
   Cuéntele la historia.
   Pídame lo que quiera.
   Dígale la purísima verdad.
   Hágame el favor.
   Póngale la chaqueta.
   Tráigame la comida.
   Préstele sus libros.

También en ciertos lugares se oye de vez en cuando otro problema en el uso del presente del subjuntivo, es decir, en la tercera persona plural seguida de un pronombre reflexivo o complemento que termina en=*e*. ¡A veces se hace plural el pronombre como si fuera el verbo! Ejemplos: *delen, hágamen, siéntesen, váyasen.* Naturalmente las formas apropiadas son: *denle, haganme, siéntense, váyanse.*

C. El imperfecto del indicativo

Hay problemas en la pronunciación del imperfecto.

1. Se debe fijarse en que en un verbo en-*ar* se deletrea-*aba* con una *b* y no con una *v*. Ejemplos: *hablaba, hablabas, hablaba, hablábamos, hablabais, hablaban.*

2. En la terminación de los verbos en-*er* e-*ir* la-*i* lleva acento ortográfico. Ejemplos: *comía, comías, comía, comíamos, comías, comían; vivía, vivías, vivía, vivíamos, vivías, vivían.*

    Los únicos verbos irregulares son *ir, ser* y *ver. (Iba, era, veía.)*

3. Estudien estas formas:

Forma problemática	*Forma apropiada*
caiba	caía
creiba	creía
traiba	traía
comprábanos	comprábamos
vendíanos	vendíamos
escribíanos	escribíamos
íbanos	íbamos
teníanos	teníamos

Ejercicios prácticos

A. Sustitúyase el imperfecto por el infinitivo:

    1. Cuando mi hermanito empezó a andar se _____ (caer) mucho.

2. Mientras nosotros _____ (ir) para el centro nos divertíamos mucho.
3. Ese viejito _____ (vender) helados.
4. Nosotros _____ (saber) que el señor era maestro.
5. Los jugadores _____ (beber) mucha agua después de jugar al futbol.
6. Yo (llevar) _____ leche a esa familia.
7. Cuando yo era chiquita, (traer) _____ huaraches.
8. Nosotros _____ (jugar) con las niñas vecinas.
9. En el Río Grande _____ (haber) muchos peces.
10. Todos nosotros _____ (escribir) mucho en la escuela para aprender a escribir mejor.

B. Repítase lo siguiente con los cambios indicados:
Mientras visitábamos a México, nos alojábamos en el Hotel Alameda.

_____ comíamos a las dos.

_____ paseábamos por el centro.

_____ escribíamos tarjetas postales.

_____ comprábamos curiosidades.

_____ teníamos que madrugar.

_____ cenábamos tarde.

_____ íbamos al Palacio de Bellas Artes.

C. Cámbiense las oraciones del singular al plural:
Me sentaba enfrente de Juanita.
Nos sentábamos enfrente de Juanita.

Yo contaba el dinero después de las cinco.

_____.

Me perdía en la sierra.

_____.

Yo volvía a casa tarde.

_____.

Me arrepentía de no haberlo hecho.

---------------------------------------.

Yo dormía de las diez hasta las seis.

---------------------------------------.

Me vestía de domingo.

---------------------------------------.

Yo le pedía prestado un reloj despertador.

---------------------------------------.

El jugaba al futbol después de la escuela.

---------------------------------------.

No podía hacerlo así.

---------------------------------------.

Quería ver la película.

---------------------------------------.

Moría de hambre.

---------------------------------------.

Decía bien todas las palabras.

---------------------------------------.

Venía temprano en el verano.

---------------------------------------.

Cabía en el coche.

---------------------------------------.

Caías mucho de niñito.

---------------------------------------.

Creías lo increíble.

---------------------------------------.

Huías de las llamas del incendio.

---------------------------------------.

Oías los gritos de los jugadores.

---------------------------------------.

Reías a carcajadas.

---------------------------------------.

Traías ropa muy limpia.

---------------------------------------.

Veías a la novia en la escuela.

---------------------------------------.

D. El pretérito

La terminación de la segunda persona singular del pretérito de un verbo en *-ar* es *-aste,* de un verbo en *-er* o *-ir* es *-iste.* Ejemplos: *hablaste, comiste, viviste.* (Problema: *hablastes* o *hablates; comistes* o *comites; vivistes* o *vivites.*)

Ejercicios prácticos

A. Substitúyase por el infinitivo el pretérito:
1. Anoche tú _____ (llegar) tarde.
2. ¿Cuándo _____ (saber) tú que él sabía tocar la guitarra?
3. ¿Tú le _____ (dar) a él dinero?
4. Ayer tú _____ (venir) temprano.
5. ¿_____ (Comprar) tú un vestido para el domingo?
6. El lunes tú _____ (ir) al cine.
7. ¿_____ (Bailar) tú mucho en la fiesta de anoche?
8. El año pasado tú no _____ (estudiar) en casa.
10. ¿_____ (Correr) tú por el camino?
11. ¿Qué _____ (cantar) tú en el baile?
12. El sábado tú _____ (decir) que te ibas a ir.
B. Repítanse:
No trabajaste todo el día.
Estuviste aquí a las nueve.
¿Fuiste al concierto anoche?
No jugaste bien en el juego del sábado.
Perdiste mucho tiempo.
¿Supiste lo del accidente?
No te acordaste de las contestaciones.
Le dijiste lo que te pasó.
¿Pudiste evitarlo o no?
C. Repítase lo siguiente con los cambios indicados:
Yo apreté el mecate demasiado.

Tú _____.
Yo desperté a los vecinos.
Tú _____.
Yo encerré el gato en la cocina.
Tú _____.
Yo quebré el disco adrede.
Tú _____.
No entendí la explicación del maestro.
Tú _____.
No les serví cerveza.
Tú _____.
Sentí no poder ayudarla.
Tú _____.
Dormí durante la conferencia.
Tú _____.
No le pedí permiso.
Tú _____.
Traje todo lo necesario.
Tú _____.
Vine después del mediodía.
Tú _____.
Vi a los otros caerse en el hielo.
Tú _____.

D. Si la raíz de un verbo en-*ar* termina en una-*e*, parece fácil pronunciar mal las formas del pretérito, es decir, substituir por la-*e* una-*i*.

Infinitivo	*Forma problemática*	*Corrección*
pasear	pasié	paseé
pelear	pelió	peleó
telefonear	telefoniamos	telefoneamos
desear	desiaron	desearon

E. Repítase lo siguiente con los cambios indicados:
Yo me paseé el domingo por el parque.

Juan _____.
Nosotros _____.
Tú _____.
Los soldados pelearon con valor.
Tú _____.
Ud. _____.
El capitán _____.
Tú no me telefoneaste el miércoles.
Ellos _____.
Luisa _____,
Uds. _____.
Nosotros deseamos ver los sombreros nuevos.
Ella _____.
El señor _____.
Yo _____.

F. Sustitúyase el pretérito por el infinitivo.
1. ¿Cuándo le (telefonear) _____ Ud.?
2. Ayer me (pasear) _____ a caballo.
3. El martes los dos nos (pelear) _____.
4. Mis amigos se (pasear) _____ en su automóvil nuevo.
5. Yo le (telefonear) _____ esta mañana.
6. ¿Qué _____ (desear) tú decirme?

E. El futuro

A veces tenemos el problema de sustituir por la -e de la raíz una -i en el futuro de un verbo cuya raíz termina en vocal.

Forma problemática	Corrección
cairé	caeré
creirá	creerá
leiremos	leeremos
trairán	traerán

Ejercicios prácticos

A. Escójase la forma apropiada:
1. Mañana (trairán, traerán) leña para el cajón.
2. Me (cairé, caeré) de la silla si se quiebra.
3. Nosotros (leiremos, leeremos) este libro.
4. Ella no (creerá, creirá) todo lo que le digan.

B. Repítase lo siguiente con los cambios indicados:
Te caerás si no tienes cuidado.
Se _____.
Nos _____.
Me _____.
José lo creerá a pesar de todo.
Nosotros _____.
Ud. _____.
Tú _____.
Yo leeré mucho durante las vacaciones.
Ella _____.
Uds. _____.
Nosotros _____.
La señora traerá los tacos mañana.
Yo _____.
Tú _____.
Ellas _____.
(Nótese bien el futuro irregular de *querer*; no es *quedré*,
etc., sino *querré*.)
Mi padre querrá saber eso.
Sus hermanos _____.
Luis _____.
Los profesores _____.
Tú querrás hacer pintar la casa.
Yo _____.
Nosotros _____.
Ud. _____

F. El participio pasivo y los tiempos compuestos

Los problemas principales al emplear los tiempos compuestos se explican en los párrafos siguientes:

Para formar el participio pasivo de un verbo regular, se le añade -*ado* a la raíz de un verbo en -*ar*, e -*ido* a un verbo en -*er* o -*ir*. Ejemplos:

hablar	hablado
comer	comido
vivir	vivido

Los participios irregulares son:

abrir	abierto	hacer	hecho
cubrir	cubierto	morir	muerto
decir	dicho	poner	puesto
escribir	escrito	ver	visto
	volver	vuelto	

Estudien las formas del perfecto:

yo *he* hablado, comido, vivido
tú *has* hablado, comido, vivido
Ud., él, ella *ha* hablado, comido, vivido
nosotros *hemos* hablado, comido, vivido
vosotros *habéis* hablado, comido, vivido
Uds. ellos, ellas *han* hablado, comido, vivido

Nótese el deletreo del imperfecto de *haber* usado en el pluscuamperfecto: *había, habías, había, habíamos, habíais, habían.*

Ejercicios prácticos

A. Tradúzcanse al español las palabras inglesas en paréntesis:

1. Tomás _____ (has walked) diez millas hoy para ver la feria.
2. Yo _____ (have run) para el centro varias veces.
3. Ella _____ (has left) para España.

4. ¿Jamás _____ (have you seen) tú un camello?

5 ¿_____ (Have returned) los muchachos a la casa?

6. ¿Quién se _____ (has died) recientemente?

7. Uds. _____ (have opened) las puertas sin decirles.

8. Alguien _____ (has covered) esta caja sin mi permiso.

9. El _____ (has done) todo su trabajo hoy.

10. Nosotros _____ (have set) la mesa en el comedor.

11. Josefina _____ (has written) que el primer juego es este viernes por la noche.

12. Yo _____ (have said) que la cena será a las siete en punto esta noche.

B. En las doce frases de arriba sustituyan por *have* o *has* la palabra *had* y traduzcan al español las palabras inglesas.

Hay acento ortográfico en la-*i* de la terminación del participio pasivo de un verbo cuya raíz termina en vocal.

Ejemplos:

caer	caído
creer	creído
traer	traído
leer	leído
reír	reído

C. Escójase la forma apropiada:

1. Santiago se ha (caído, caido) de la silla.
2. Juan se ha (creido, creído) muy vivo.
3. Hemos (traido, traído) los libros para la casa.
4. He (leido, leído) mi lección.
5. Los jóvenes se han (reído, reido) de Ud.

D. Contéstense las preguntas siguientes:

¿Has abierto las ventanas?   Sí las *he* abierto.

¿Has cubierto los platos con una servilleta?

¿Le has dicho lo que oíste?

¿Has escrito la lección?

¿Has hecho todo lo que puedes?

¿Te has puesto una camisa limpia?

¿Has visto a María en su vestido nuevo?

¿Has vuelto cansado y con hambre?

¿Le ha vendido tu papá el camión?
                    No, no se lo *ha* vendido.
¿Se le ha caído la copa a él?

¿Se lo ha prometido Carmen?

¿Se ha creído Antonio tan importante?

¿Se ha desaparecido el dinero?

¿Nos ha traído el ranchero las manzanas?

¿Lo ha entendido el niño?

¿Les ha leído Lucía la carta?

¿Le ha mentido el pícaro al juez?

¿Se ha reído tu amiga de la broma?

G. El infinitivo

Acuérdense de que es propio pronunciar distintamente la *r* de un infinitivo antes de un pronombre complemento comenzando con *l*.

Indistinta	*Distinta*
dales	darles
prestale	prestarle
velos	verlos
escribile	escribirle

Ejercicios prácticos

A. Lean en voz alta estas oraciones:
 1. Voy a darles un juguete nuevo.
 2. ¿No quiere Ud. prestarle un libro al muchacho enfermo?
 3. El no podía verlos de allí.
 4. Juan debiera escribirle a su papá.

B. Repítanse:
 Insiste en perseguirlo.
 Me gustaría probarlos.
 Viene a entretenerlas.
 Quisiera negarlo.
 Espera enviarle el paquete.
 No va a soltarla.
 Tiene que devolverlos.
 Su tarea es instruirles.

H. Los artículos

Por lo general, si una palabra termina en *a* es femenina y con ella se usa *la* o *una,* pero se usa *el* o *un* con las palabras siguientes:

Con palabras masculinas que son excepciones a la dicha regla:

el día ----------------------------------day
el mapa ------------------------- map
el sofá --------------------------- sofa
el tranvía ------------------- streetcar

Con palabras de origen griego:

el cinema	picture show
el clima	climate
el cometa	comet
el drama	drama
el idioma	language
el lema	motto
el panorama	panorama
el planeta	planet
el poema	poem
el problema	problem
el programa	program
el sistema	system
el telegrama	telegram
el tema	theme

Con palabras que se refieren a personas masculinas:

el artista	artist
el atleta	athlete
el cura	curate, priest
el dentista	dentist
el espía	spy
el fantasma	phantom, ghost
el maya	Mayan
el novelista	novelist
el patriota	patriot
el pirata	pirate
el poeta	poet
el propagandista	propagandist
el turista	tourist

Con palabras compuestas:

el abrelatas	can opener
el cortalápiz	pencil sharpener
el limpiabotas	shoeshine boy
el rompecabezas	puzzle

Con el singular de palabras femeninas comenzando con una *a*-o *ha*-acentuada, para evitar un sonido desagradable.

el acta	minutes (of a meeting)
el agua	water
el ala	wing
el alma	soul
el área	area
el arma	weapon
el ave	bird
el habla	language
el hacha	ax

Ejercicios prácticos

A. Escojan veinte palabras de estas listas y hagan con ellas frases originales.

B. Repítanse:

No puedo hallar Brasilia en el mapa.
El clima de este lugar es muy variable.
El español es el idioma más bello del mundo.
El problema es muy difícil.
No me gustó mucho el programa.
El fantasma penaba por la casa encantada.
En este lago está muy clara el agua.
El hacha está en el garaje.

Repaso

A. Escójase la palabra apropiada de entre paréntesis:

1. Todos los años al abrirse la escuela nos _____ (decidimos, decidemos) a estudiar más.
2. Siempre _____ (insistemos, insistimos) en que lleguen temprano.
3. ¿Quiere ella que _____ (busquemos, búsquemos) el dinero?
4. No es preciso que (volvamos, vólvamos, vuélvamos) a casa antes de las diez.
5. _____ (Siéntense, Siéntesen) aquí, por favor.
6. _____ (Véngasen, Vénganse) mañana al amanecer.
7. La muchacha _____ (andaba, andava) cantando por la casa.
8. Yo _____ (sentia, sentía) mucho lo que hubiera pasado.
9. ¿Qué _____ (traías, traibas) en la mano?
10. _____ (Ibamos, Ibanos) a despertarte.
11. ¿Ya _____ (dejates, dejastes, dejaste) de fumar?
12. Te _____ (pusites, pusistes, pusiste) el vestido azul.
13. ¿Se lo _____ (pedites, pedistes, pediste) a Juan?
14. Nos _____ (paseamos, pasiamos) toda la tarde.
15. Los revolucionarios _____ (peliaron, pelearon) desesperadamente.
16. ¿No _____ (leirán, leerán) "El capitán Veneno" este año?
17. Yo no le _____ (he, ha) dicho mentiras.
18. Su amigo le _____ (he, ha) engañado.
19. El héroe se ha _____ (morido, muerto).
20. Los alumnos han _____ (escrito, escribido) todos los ejercicios.

21. No _____ (avía, había) ningún remedio.
22. El niño se ha _____ (caído, caido) de la cama.
23. ¿Piensas _____ (dale, darle) tu dulce?
24. _____ (El, La) programa me gustó mucho.
25. ¿No es pura _____ (el, la) agua?

B. En cada frase hay a lo menos un error. Corríjanselos todos.

1. Todas las tardes partemos leña.
2. Salemos mañana.
3. Mi mamá quiere que nos quédemos en la casa.
4. Tiene miedo de que le dígamos a Ricardo que anoche fue al cine con Roberto.
5. Todos los días lo víamos.
6. Delen Uds. todo lo que se le debe.
7. Estava riéndose a carcajadas de los chistes que le decíanos.
8. Se creiba muy hombre.
9. Queriamos saber quién lo atropelló.
10. Parecía que iva a realizar su ensueño.
11. ¿Qué dijites al saber eso?
12. No le hicites nada.
13. ¿Le mandastes a tu prima la invitación?
14. ¿Me telefonió Ud. como a las ocho?
15. ¡Tengan cuidado o Uds. se cairán!
16. Trairemos todo lo necesario.
17. Yo no me ha ponido los zapatos.
18. Les emos dicho que el robo era un asunto grave.
19. Abían resuelto hacer algo por el pobre.
20. Eduardo nos ha traido un regalo bonito.
21. Todos tienen que leela.
22. Es muy agradable la clima de México.
23. La idioma de Haití es el francés.
24. Se aprueba la acta.
25. Se oye mucho de la arma nueva, la bomba atómica.

CAPITULO V

CORRESPONDENCIA

El propósito de este capítulo no es inculcar un conocimiento comprensivo de la correspondencia comercial, ni preparar a nadie para encargarse de la posición de secretario. Eso sería un curso completo. En esta sección no se dan más que unas palabras y expresiones fundamentales que pueda emplear el alumno para escribir cartas sociales y de vez en cuando una carta comercial.

Se debe tener presente que nunca se puede traducir literalmente una carta comercial del inglés al español sin perder todo el sabor de la correspondencia española.

A. El sobre

1. El nombre
a. De un individuo

Para usar correctamente o para entender bien el apellido, o mejor dicho, los apellidos de los españoles o hispanoamericanos, es necesario enterarse de la costumbre que prevalece en España y la América Española. Allí se conserva el apellido de la mujer aun después de casada.

Muy a menudo un señor usa dos apellidos, el primero siendo el de su padre y el último de su madre. Un ejemplo les explicará a Uds. la costumbre que se puede seguir al dirigir un sobre. Hay tres modos de escribir su nombre. Se puede usar "don" (D.) o no, como se quiera.

Sr. (D.) Miguel Hernández y Labastida
Sr. (D.) Miguel Hernández Labastida
Sr. (D.) Miguel Hernández L.

Hernández es el apellido del padre; Labastida el apellido de la madre. Al hablar del señor o al buscar su nombre en la enciclopedia usaremos el apellido de su padre. Muy rara vez, por una causa u otra, un hombre prefiere usar el apellido de su madre.

Si Miguel se casa con la
    Srta. Margarita Maynes (y) Arenibas,
ella llegará a ser la
    Sra. (Da.) Margarita Maynes de Hernández
y su primer hijo será el joven
    Carlos Hernández (y) Maynes.
Si Miguel se muere, Margarita será la
    Sra. Margarita Maynes Vda. (Viuda) de Hernández.

b. De una compañía

Las compañías siguientes son casas de comercio de México.

Cía. Manufacturera de Cigarros Aguila, S. A.
Casa Navarro, S. A.
Diego Gutiérrez e Hijos
Fábrica de Chocolates La Azteca, S. A.
Empacadora de Conservas de Los Mochis, S. A.
Cía. Galletera Nacional, S. A.
Rafael Pacheco y Hnos. (Hermanos)
S. A. es la abreviación de sociedad anónima y es como «Inc.» o «incorporated» en inglés.

2. La dirección

Nótese en qué orden vienen las partes de una dirección.

(Calle) Dieciséis de Septiembre 520
(Ave.) Lerdo 107
Apartado Postal 344 (No. 344)
(Cd.) Chihuahua, Chih.
México
México, D F.

El Paso, Texas
E. U. A.

Ejercicio práctico

Dirijan Uds. cartas a los individuos o compañías siguientes, haciendo nombres imaginarios y señas completas. Traten de variar las direcciones.
1. a una amiga soltera
2. a su tío
3. a la viuda de su primo hermano
4. a su profesor favorito
5. a una señora casada
6. a una casa de comercio de padre e hijo
7. a una empacadora de frutas
8. a una fábrica de pieles y vaqueta
9. a una casa de comercio que pertenece a tres hermanos
10. a una sociedad anónima que lleva el nombre de uno de sus dueños.

B. El encabezamiento

Nótense estos modos de escribir las partes del encabezamiento. 1. La fecha
8 de mayo de 19—
a 8 de mayo de 19—
Mayo 8, 19—
2. La dirección y la fecha
Deming, Nuevo México
Octubre 15, 19—
Deming, Nuevo México, 15 de octubre de 19—

Ejercicios prácticos

A. Escriban de tres modos todos correctos su propia dirección y la fecha actual.

B. Escriban el encabezamiento apropiado con las señas y la fecha para estas tres cartas:

de una persona que vive en una avenida
de una persona que vive en una calle
de una persona que tiene un apartado postal

C. El saludo

Siguen unos ejemplos de saludos comunes; naturalmente se puede variarlos o adaptarlos como requiera la situación.

1. De una carta social

Querido Juan,
Mi querida Luisa,
Apreciable amiga,
Estimada Srta. Carreón, (formal)
Distinguido caballero, (formal)
Respetable Sr. Leyba, (formal)

2. De una carta comercial

Muy señor (Sr.) mío:
Muy señores míos:
Muy señor nuestro:
(Y también se puede usar en el saludo de una carta comercial *distinguido, respetable* y *estimado*.)

Ejercicio práctico

Escríbase un saludo apropiado:

1. a un amigo íntimo
2. a la abuelita
3. a un señor de edad avanzada
4. al director de su escuela
5. a un joven desconocido
6. al presidente de una compañía
7. a una casa de comercio

8. a un médico
9. a un hombre de negocios, como si viniera la carta de una compañía
10. a una compañía, como si viniera la carta de otra compañía.

D. El cuerpo

1. De una carta social

Al escribir una carta social es mejor evitar el empleo al principio de ciertas expresiones usadas muy a menudo, tales como:

Le escribo estas cuantas líneas para . . .

¿Cómo está Ud.? Nosotros estamos bien,
    gracias a Dios . . .

Al fin de la carta es bueno variar la conclusión y no usar expresiones tales como:

Esto es todo por ahora . . .

Tengo que concluir esta carta porque no
    tengo nada más que decir . . .

Tengo que dejar de escribir porque tengo otras
    cosas que hacer . . . (Le parece al lector
    que el hacer estas otras cosas es más
    importante que el escribirle la carta.)

Esfuércense Uds. por escribir una carta social como si estuvieran platicando con la persona a quien se dirige. Naturalmente querrán ser corteses, pero no deben olvidarse de incluir el elemento personal. No se usan en las cartas sociales expresiones de cortesía tan formales y fijas como en las cartas comerciales.

2. De una carta comercial

Siguen unas pocas expresiones que suelen verse en las cartas comerciales.

1. Acabo de recibir su carta del dos del presente . . .
2. Le acusamos recibo de su favor (atenta, grata) del diez de octubre y . . .
3. Me permito dirigirme a Uds. . . .
4. La presente tiene por objeto rogar a Uds. . . .
5. Pido a Ud. que se sirva darme informes . . .
6. Tengo el gusto de participarles que . . .
7. Adjunto le remito (envío) un folleto . . .
8. Me es grato enviarle adjunto giro postal por la cantidad de veinte dólares ($20) en pago de . . .
9. Damos a Ud. las gracias por . . .
10. Le agradezco su atención . . .

Ejercicio práctico

A. Escríbanse la primera y la última frase de una carta:
   1. a la mamá de su amigo dándole las gracias por haberle invitado a Ud. a pasar el fin de semana en su casa
   2. a un compañero enfermo
   3. al director de un campamento de verano pidiendo informes
   4. a su hermano mayor expresándole su agradecimiento por un regalo de cumpleaños
   5. a una señorita pidiéndole perdón por haberla ofendido
   6. a un primo felicitándole por haber recibido un premio.

B. Tradúzcanse al español:
   1. We acknowledge receipt of your letter of the 15th of this month . . .
   2. I beg leave to inform you . . .
   3. I greatly appreciate your kindness . . .
   4. We are happy to remit to you . . .

5. Kindly send me . . .
6. Enclosed please find a money order . . .

E. La despedida

Siguen unos ejemplos de despedidas comunes; naturalmente se puede variarlas o adaptarlas como requiera la situación.

1. De una carta social

Con cariño,
Cariñosamente,
De un amigo que te aprecia,
De un amigo que nunca te olvidará,
Sinceramente,
Cordialmente,
Suyo afmo., (Suyo afectísimo,)
Afectuosamente,

2. De una carta comercial

Quedo (Me repito) de Ud. atto y s.s., (De usted atento
    y seguro servidor,)
Afmos. attos. y ss. ss., (Afectísimos atentos
    y seguros servidores,)
Respetuosamente,
Atentamente,
Anticipándoles mis agradecimientos, me quedo
    de Uds. atto. y s.s.,

Ejercicio práctico

Escríbase una despedida apropiada:

1. de Ud. a un compañero de escuela
2. de Ud. a una profesora

3. de Ud. al padre de su amigo
4. de Ud. a un joven desconocido
5. de Ud. a una casa de comercio
6. de Ud. a la cámara de comercio de una ciudad lejana
7. de un hombre de negocios a otro
8. de una compañía a otra
9. de un anciano a su amigo
10. de su mamá a la mamá de su novia o novio.

F. Ciertas abreviaciones

Doctor - Dr.	
(médico o catedrático)	doctor or professor
Licenciado - Lic. (abogado)	lawyer
Reverendo - Rev.	reverend
núm. 412, No. 412	No. 412
S.A. (Sociedad Anónima)	Inc. (Incorporated)
Cía. (Compañía)	Co. (Company)
1º (primero)	1st (first)
1er (primer)	1st (first)
2ª (segunda)	2nd (second)

Eno.	(Jan.)	Abr.	(April)	Oct.	(Oct.)
Feb.	(Feb.)	Agto.	(Aug.)	Nov.	(Nov.)
Mar.	(Mar.)	Sep(t).	(Sept.)	Dic.	(Dec.)

(No se abrevian mayo, junio ni julio.)

Ejercicio práctico

Estudien estas abreviaciones, y después hagan cinco frases originales en las cuales se usan.

G. Vocabulario misceláneo

lista de correos	general delivery
franqueo	postage
falta de franqueo	postage due
franqueo pagado	postage paid
franco de porte	postage paid
giro postal	money order
paquete postal	parcel post
propaganda turística	tourist information
carta certificada	registered letter
entrega inmediata	special delivery
a cargo de	in care of
impresos	printed matter
vía aérea	air mail
correo aéreo	air mail
por avión	air mail
membrete	letterhead
a quien corresponda	to whom it may concern
pedido, orden	order
solicitud de empleo	application for employment
muestra	sample
ejemplar	copy
particular	private
adjunto remito	enclosed find
rúbrica	mark or flourish on a person's signature
P.D. (posdata)	P.S. (postcript)
sucursal	branch
a reexpedir	please forward

Ejercicio práctico

Estudien las palabras de esta lista miscelánea, y después den en español una explicación del significado de diez de ellas.

H. Modelos

1. Invitaciones

EL CLUB HISPANO

SE COMPLACE

en invitar a Ud. y a su apreciable familia al

Banquete

y

Gran Baile

que tendrán verificativo
en el
SALON COLONIAL
el día 12 de los corrientes
a las 20 horas del día
con motivo de celebrar el tercer aniversario del club.

José Gonzales y Carlota N. de Gonzales
Participan a usted el enlace de
su hija María con
Rubén

Cristóbal Martínez y Anita B. de Martínez
Participan a usted el enlace de
su hijo Rubén con
María

PADRINOS

Miguel Hernández	Olga Carreón
Ramón Pedraza	Margarita Maynes
Raúl Leyba	María Hernández
Pedro García	Paulina López

DE ANILLO

La niña Gloria Gonzales

y tienen el honor de invitar a usted y su apreciable
familia a la ceremonia religiosa que se verificará en
la Iglesia de Santa Ana de Deming, Nuevo México,
a las ocho de la mañana, el domingo primero de
junio de mil novecientos . . .

2. Cartas

Deming, Nuevo México
15 de mayo de 19—

Guzmán y Cía., S. A.
Apartado 1000
Deming, Nuevo México

Muy estimados señores:

La presente tiene por objeto solicitar la posición de
estenógrafa anunciada en el Continental de esta mañana.

La semana que entra he de graduarme de la escuela
secundaria. Hace dos años que estudio la mecanografía y
la taquigrafía. El año pasado estudié la teneduría de libros,
y actualmente curso el inglés comercial y mi tercer año
de español.

Durante las vacaciones del verano pasado trabajé en
la oficina del señor licenciado John Osgood.

Pueden Uds. referirse a las personas siguientes tocante
a mi competencia y conducta:

Sr. George Fisher
Director, Escuela Secundaria
Deming, Nuevo México

Sra. Mary Clark, Profesora de Cursos Comerciales
Escuela Secundaria
Deming, Nuevo México

Sr. Lic. John Osgood
Deming, Nuevo México

Respetuosamente,
Elisa Moreno

El Paso, Texas, Marzo 3 de 19—

Director de la Escuela de Verano
Universidad Nacional Autónoma de México
Ciudad Universitaria
México, D. F

Muy Sr. mío:

Tomo la libertad de pedir informes respecto a la Universidad Nacional Autónoma de México. Le ruego que se sirva avisarme cuánto se paga por semestre y cuáles son las materias que se pueden estudiar.

Tenga la bondad de mandarme un catálogo y una forma en blanco de matriculación.

También yo quisiera enterarme si se les ofrecen becas a los estudiantes norteamericanos.

Anticipándoles las gracias, me quedo

De Ud. atto. y s.s.,
Ramón Carreón

Ejercicios prácticos

A. Tradúzcanse al español:

1. Dear Sir:
2. Very truly yours,
3. P. O. Box 215
4. 510 South Copper Street

5. Mexico City
6. Dear Madam:
7. Affectionately yours,
8. I acknowledge receipt of your letter . . .
9. Thanking you in advance,
10. I remain
11. Dear John,
12. Lawyer (title of address)
13. air mail
14. to register a letter
15. postage
16. Co.
17. Inc.
18. Mrs. Carlos Chávez (née Amelia Vidal)
19. March 25, 1979
20. U. S. A.
21. letterhead
22. August
23. signature
24. stamp
25. P.S.

B. Escríbanse:

1. Una carta a un amigo que se ha cambiado de su pueblo
2. Una carta a su primo diciéndole de su viaje a un lugar de interés
3. Una invitación a una merienda obsequiada por su club
4. Una carta solicitando empleo
5. Una carta pidiendo informes de la Asociación de Turismo, México, D. F.

CAPITULO VI

ORGANIZACION DE UN CLUB

A. Expresiones parlamentarias

¿Saben Uds. cómo se dice en español «to have the floor» o «to table»? He aquí ciertas expresiones fijas e inmutables que se usan en español en las reuniones de un club. Se permiten ciertas variaciones necesarias en las expresiones parlamentarias, pero nunca se puede traducir literalmente del inglés al español antes de verificar la validez de tal traducción.

Se abre la sesión. (Se declara abierta la sesión.)

La secretaria llamará la lista de los socios.

La secretaria leerá ahora el acta (o las actas) de la sesión anterior.

Está a discusión el acta.

El acta queda corregida.

El acta queda aprobada.

¿Hay asuntos pendientes?

¿Hay asuntos nuevos?

Pedir la palabra (to ask for the floor)

Tener la palabra

Propongo que . . .

Secundo la moción. (No es costumbre secundar una moción en los países de habla española.)

Retirar una moción

Enmendar

Enmienda

Insertar, añadir, tachar

Poner en carpeta (to table)

Poner la cuestión a votación

Los socios que estén por la moción levantarán la mano
   derecha. (digan sí)
Los que estén por la negativa levantarán la mano dere-
   cha. (digan no)
Votar por cédulas (to vote by secret ballot)
Se aprueba la moción.
Se rechaza la moción.
Procedemos al nombramiento de funcionarios.
El escrutador (teller)
¿Hay nombramiento para presidente? (vicepresidente,
   secretario, tesorero, parlamentario, consejero)
Nombro a . . .
Propongo que se cierre el nombramiento.
Candidato
Ser electo
Ser electo por aclamación
El resultado de la elección ha sido . . .
Empate
El informe (report)
El comité, la comisión
El presidente del comité
La mesa directiva (executive committee)
Quórum
Fondos
Tesorería
Cuotas (dues)
Multa
Sesión extraordinaria (called meeting)
Aplazar (to postpone)
Sea resuelto (be it resolved)
Adoptar una resolución
El primer número del programa . . .
Propongo que se cierre la sesión.
La sesión está levantada. (Se clausura la sesión.)

Ejercicios prácticos

A. Léase en voz alta la lista de expresiones parlamentarias.
B. Tradúzcanse al español las frases siguientes:
1. Those in favor of the motion say "aye."
2. Are there nominations for parliamentarian?
3. I move to amend the motion by adding *May 10*.
4. Will you serve as tellers?
5. The minutes stand approved.
6. The meeting is adjourned.
7. Is there any discussion?
8. I move that we choose a club pin.
9. The chairman of the refreshment committee will report.
10. The treasurer will give his report.
11. The motion is approved.
12. The meeting will please come to order.
13. Those opposed will raise their right hands.
14. I withdraw the motion.
15. Is there any old business?
16. The result of the election has been a tie.
17. The secretary will read the minutes of the last meeting.
18. I nominate Rosario for secretary.
19. We shall vote by secret ballot.
20. Charles has the floor.
21. The secretary will call the roll.
22. The motion is lost.
23. I move to table the motion.
24. Is there any new business?
25. I move that nominations cease and that Louise be elected by acclamation.

C. Escójase un presidente temporario y practíquense estas situaciones parlamentarias:

1. Propóngase, discútase, y apruébese o recházese una moción.
2. Propóngase y enmiéndese otra moción.
3. Póngase en carpeta una moción.
4. Elíjanse los funcionarios de un club.
5. Dense los informes de dos o tres comisiones.

D. Organicen un club en su clase y practiquen las expresiones parlamentarias en una reunión imaginaria.

E. Escriban las actas de la dicha reunión, refiriéndose a las actas de la página siguiente si les es necesario.

F. Se hallan también de modelos en este capítulo la constitución, la ceremonia de iniciación, y la instalación de funcionarios que emplea un club verdadero. Si quiere su profesor, preparen otra constitución. Después, representen la iniciación de socios nuevos y la instalación de funcionarios. Querrán presentar estas dos ceremonias muy solemnemente. Puede ser que quieran usar velas, flores, y música lenta y melosa para hacer más hermosa la iniciación o la instalación.

B. Modelos

Actas del Círculo Español

El presidente Jorge Chaires declaró abierta la sesión ordinaria del Círculo Español el día 3 de marzo de 19— a la una de la tarde en la sala de clase No. 25. La secretaria llamó la lista de los socios y leyó el acta de la sesión anterior. El tesorero dio su informe; quedan $60.35 en la tesorería.

El presidente del comité de proyectos propuso que el club regalara al departamento de español cinco discos de compositores latinoamericanos. Se secundó y se aprobó la moción. Se comisionó a Margarita Maynes, Ramón Pedraza y María Hernández para escoger las piezas.

Fue propuesto por Francisco Flores y secundado por Anita Valverde que los socios del club presentaran un programa en conmemoración del Día Panamericano en el salón de actos de la escuela secundaria. Se aprobó la moción. El presidente nombró la siguiente comisión para que hiciera preparativos para el programa: Olga Carreón, Paulina López y Kenneth Wells.

Se presentaron los siguientes números a cargo de la presidenta del comité de programas, Lorita Bell:

Baile	Gloria Vega
Música	Rosendo y José Villa
Comedia,	Ramón Pedraza, Paulina
«A todo vuelo»	López, Margarita Maynes,
	Raúl Leyba y
	Miguel Hernández

Se clausuró la sesión a las dos de la tarde.

Constitución

ARTICULO I — NOMBRE

Esta sociedad se llamará: El Círculo Español.

ARTICULO II — OBJETIVOS

Los objetivos del Círculo Español serán: Estimular la práctica del español, ofrecer diversión social y fomentar la amistad panamericana.

ARTICULO III — LEMA

El lema de este club será: En la unión está la fuerza.

ARTICULO IV — COLORES

Los colores serán: Rojo y oro.

ARTICULO V — FLOR

La flor será: La rosa colorada.

ARTICULO VI — MIEMBROS

Los miembros serán: Alumnos que hayan terminado un año de español en la escuela secundaria o alumnos de habla española.

ARTICULO VII — FUNCIONARIOS

Los funcionarios serán: El presidente, el vicepresidente, el secretario, el tesorero y el repórter.

ARTICULO VIII — COMISIONES

Habrá una comisión de programas, una comisión de proyectos, y otras comisiones para el beneficio del club. El presidente nombrará los miembros de las dichas comisiones.

ARTICULO IX — ELECCIONES

Habrá elección de funcionarios al principio de cada año escolar.

ARTICULO X — SESIONES

Las sesiones se verificarán los segundo y cuarto martes de cada mes a la una de la tarde.

ARTICULO XI — ENMIENDAS

Para enmendar esta constitución se requerirá que voten en favor de la enmienda las dos terceras partes de los miembros presentes, y que se haya presentado por escrito tal enmienda en la sesión anterior.

Iniciación

PRESIDENTE: Uds., los iniciados, han expresado el deseo de incorporarse al Círculo Español. Antes de que sean aceptados como socios verdaderos, nos parece propio que entiendan a fondo nuestros principios fundamentales.

Los objetivos del Círculo Español son: estimular la práctica del español, ofrecer diversión social y fomentar

la amistad panamericana. El vicepresidente, ⸺⸺⸺,
explicará el primer objetivo.

VICEPRESIDENTE: El primer objetivo del Círculo Español es estimular la práctica del español.

En ciertos estados de los Estados Unidos muchos de los habitantes aprenden a hablar español en el hogar de sus padres. Aunque el Sudoeste ha sido parte de los Estados Unidos por más de un siglo, por trescientos años perteneció primero a España y luego a México. Por consiguiente la herencia del Sudoeste es española e inglesa.

Es propio que en las escuelas públicas se enseñe el español. En las clases de español y en el Círculo Español deberíamos tratar de conservar la pureza del idioma español. Se cree que en el porvenir la gente de origen español seguirá hablando la lengua de sus antepasados, y así debe ser.

El pueblo bilingüe del Sudoeste provee un eslabón fuerte entre los Estados Unidos y la América Española.

PRESIDENTE: El secretario, ⸺⸺⸺, explicará el segundo objetivo.

SECRETARIO: El segundo objetivo del Círculo Español es ofrecer diversión social.

En los clubs, como éste, de una escuela secundaria los socios pueden aprovecharse de la oportunidad de ocupar la posición de funcionario, ser miembro de un comité, preparar entretenimiento para las reuniones del club, hacer planes para fiestas y bailes, y desempeñar un papel en programas públicos.

En tales funciones sociales no sólo nos divertimos, sino también establecemos amistades duraderas y aprendemos a trabajar juntos para efectuar fines mutuos. Aprendemos el arte de la cooperación.

Así nos preparamos para participar en las actividades cívicas de la comunidad.

PRESIDENTE: El tesorero, _____, explicará el tercer objetivo.

TESORERO: El tercer objetivo del Círculo Español es fomentar la amistad panamericana.

En las Américas hay muchos clubs que se parecen al nuestro. El ideal del panamericanismo va ganando movimiento dentro de todos los países. Si los jóvenes de este hemisferio tratan de informarse de sus vecinos, llegaremos a ser buenos amigos.

Esto parece propio especialmente en el Sudoeste de los Estados Unidos, porque vivimos muy cerca de una de las naciones panamericanas y tenemos más oportunidad de estrechar los lazos de amistad que los alumnos que viven lejos de la frontera.

Si cada uno ayuda a establecer relaciones cordiales dentro de su alcance, haremos nuestra pequeña parte en asegurar la paz del mundo.

También será nuestro deber desarrollar el espíritu de colaboración entre la gente de habla española y la de habla inglesa en nuestra patria.

PRESIDENTE: El lema del club es: "En la unión está la fuerza." Los miembros del club siempre deben estar unidos en todos los problemas y actividades del club. Debemos cooperar con entusiasmo los unos con los otros para realizar nuestras metas.

Los colores del club son rojo y oro. Estos colores fueron escogidos por el club porque son los colores de la antigua España que mandó al Nuevo Mundo a uno de sus hijos más valientes. Estos colores representan la contribución cultural de los españoles y sus descendientes a la vida actual del Sudoeste de nuestra patria, los Estados Unidos.

La flor del club es la rosa colorada que representa la fuerza, la iniciativa y la persistencia de los miembros del club en llevar a cabo nuestros propósitos.

Antes de que lleguen a ser miembros del Círculo Español tendrán que prometer someterse a estos reglamentos:

1. ¿Prometen Uds. hacer esfuerzos para realizar los propósitos del club? (Yo prometo.)

2. ¿Prometen Uds. participar lo mejor posible en las actividades del club? (Yo prometo.)

Repitan Uds. el lema de este club: "En la unión está la fuerza."

Lleven Uds. nuestros colores en señal de amistad y fraternidad.

Los declaro socios del Círculo Español de la Escuela Secundaria de _____, _____.

Instalación de la mesa directiva

PRESIDENTE: Es nuestro agradable deber esta tarde instalar a los nuevos funcionarios que tienen el honor de haber sido elegidos para administrar las actividades del Círculo Español para el año siguiente. Yo deseo que estos nuevos funcionarios se den cuenta de que de Uds. dependen el progreso y el éxito de este club. Al aceptar esta posición Uds. deben servir al club competente y lealmente y cumplir con todos sus deberes. Ahora recibirán Uds. de los funcionarios anteriores una declaración de las obligaciones de sus cargos.

El presidente del Círculo Español presidirá a todas las sesiones ordinarias y extraordinarias; dirigirá las actividades de la organización de acuerdo con los propósitos y las provisiones de la constitución; nombrará a todos los comités necesarios; y será miembro de ellos. Tendrá cuidado del porvenir y del bienestar del club. ¿Promete Ud. cumplir con estos deberes? (Yo prometo.)

VICEPRESIDENTE: El vicepresidente presidirá en caso de la ausencia del presidente; ocupará el puesto del presidente en caso de que éste se retire del club. El vicepresidente le ayudará al presidente a cumplir con sus deberes. ¿Promete Ud. cumplir con estos deberes? (Yo prometo.)

SECRETARIO: El secretario guardará la lista de los socios; escribirá las actas correctas de cada sesión; las leerá en cada sesión ordinaria; se encargará de toda la correspondencia del club. ¿Promete Ud. cumplir con estos deberes? (Yo prometo.)

TESORERO: El tesorero recibirá todo el dinero que pertenece al club; este dinero lo depositará en la oficina del director de la escuela secundaria; tendrá una lista de los recibos y los gastos del club; dará un informe de los fondos del club en cada sesión ordinaria. ¿Promete Ud. cumplir con estos deberes? (Yo prometo.)

PRESIDENTE: Los declaro a Uds. los funcionarios del Círculo Español para el año _____.

CAPITULO VII

ENRIQUECIMIENTO DE VOCABULARIO

Pueden Uds. aumentar el número de palabras en su vocabulario de estos modos.

1. Fíjense en las palabras nuevas de su libro de lectura, de los periódicos, de las revistas, es decir, de todo impreso en español. También se puede aprender del cine o de la radio. Si no entienden el significado exacto de una palabra, búsquenla en el diccionario. Hagan esfuerzos para recordar la palabra nueva y para usarla.

2. Hagan su propia lista de palabras nuevas y úsenlas al hablar con su familia y sus amigos.

3. Estudien las listas siguientes y empleen cada palabra en una frase oral o escrita, como dirija su profesor. No se puede considerar esta lista más que una agrupación muy limitada de las muchas palabras posibles.

I

abarrotes	groceries
acelerador	accelerator
acontecimiento	happening
aduana	customhouse
aduanero	custom officer
aeropuerto	airport
agricultura	agriculture
agricultor	farmer
a la parrilla	grilled
alberca	swimming pool

alcalde, presidente municipal	mayor
álgebra	algebra
alguacil mayor	sheriff
al mayoreo	wholesale
al menudeo	retail
alquilar	to rent, hire
ametralladora	machine gun
analfabetismo	illiteracy
analfabeto	illiterate
andén	railroad platform

II

anillo del pistón	piston ring
anotación	score
árbitro	referee
arco iris	rainbow
archivista	file clerk
archivo	filing cabinet
arranque	starter
artillería	artillery
atleta	athlete
atropellar	to run over
autobús	bus
autopista	freeway
ayuntamiento	city council
azulejo	tile
bachiller	bachelor (college degree)
batear	to bat
batería	battery
baúl	trunk
beca	scholarship
biología	biology

III

boleta	ballot
boleto de ida y vuelta	round-trip ticket
boleto sencillo	one-way ticket
bomba atómica	atomic bomb
bujía	spark plug
cabaña	cabin
cadete	cadet
caja registradora	cash register
cajero	cashier
calaverita	jack-o'-lantern
calculadora	adding machine
caleta	small bag
calificación	grade, mark
calificar	to grade, mark
calle de un sentido	one-way street
cámara de comercio	chamber of commerce
camión, camilla,	bus, truck stretcher,
camioneta	station wagon
campamento	camp

IV

cancha	athletic court
cápsula	capsule
carburador	carburetor
carpeta	folder
carretera	highway
carroza	float (in parade)
casamóvil	house trailer
casilla	voting booth
certificado de bautismo	baptismal certificate
certificado de vacuna	vaccination certificate
ciencia	science
cita	date, appointment

ciudadano	citizen
civismo	civics
club campestre	country club
concilio estudiantil	student council
concurso	contest
conserje	janitor
cónsul	consul
consulado	consulate

V

contraseña	claim check
contratista	contractor
cuartel	barracks
cubierta de motor	hood
cuerpo aéreo	air force
chantaje	blackmail
decano	dean
demandar	to sue
derecho de vía	right of way
derrotar	to defeat
desarrollar	to develop
dibujo mecánico	mechanical drawing
dictadura	dictatorship
difusora	broadcasting station
disco	record
discurso	speech
diseño	design
domicilio	domicile (address)
economía doméstica	home economics
ejército	army

VI

embrague	clutch
enciclopedia	encyclopedia
entrenador	coach

entrenamiento	training
equipaje	baggage
equipo	team, equipment
escenario	stage
estadio	stadium
estrofa	stanza
éxito	success
falsificador	forger
ferretería	hardware store
ficha	token
física	physics
fomentar	to promote
fortaleza	fortress
freno	brake
fuegos artificiales	fireworks
fuerzas armadas	armed forces
ganadería	cattle raising

VII

ganadero	rancher, cattleman
ganga	bargain
gemelo	twin
geometría	geometry
gitano	gypsy
gripa	influenza
gaveta	locker
hacer cola	to get in line
hacer chapuza	to cheat
hacer escala	to make a stopover
hazaña	deed, feat
hecho	deed
heliocópter	helicopter
higiene	hygiene
historia mundial	world history
hoguera	bonfire

horario	schedule, timetable
huelga	strike (of workers)
impermeable	raincoat

VIII

imprenta	printing press
impreso	printed, printed matter
impuesto	tax
incendio	fire (of building, forest)
índice	index
infantería	infantry
inocular	to inoculate
inscribirse	to enroll
interfón	intercom
inundación	flood
claxon, bocina	horn
lata	tin can
maleta	suitcase
maniobras	maneuvers
maquillaje	makeup
marina	navy
matemáticas	mathematics
materia	subject
matricularse	to enroll
mecanografía	typing

IX

meta	goal
modales	manners
mosaico	tile (for floor)
naturaleza	nature
nota	grade, mark
obrero	worker
obstáculo	obstacle

ojo (de agua)	spring
orador	speaker
oveja	sheep
pacto	pact
palacio municipal	city hall
palanca	gearshift lever
pantalla	screen
parabrisas	windshield
paracaídas	parachute
pasaporte	passport
patrocinador	sponsor
patrocinar	to sponsor
película	film

X

pistón	piston
porcentaje	percentage
portaaviones	airplane carrier
prensa	press
presupuesto	budget
profesorado	faculty
promedio	average
propina	tip
puestos	booths (sidewalk, fair)
quemazón	fire (of building, forest)
química	chemistry
radiola, sinfonola	jukebox
rango	rank
receta	prescription, recipe
redactor	editor
remar	to row
reno	reindeer
rescate	ransom

| resumen | summary |
| resumir | to summarize |

XI

secuestrador	kidnaper
selva	jungle
sello	stamp
semáforo	traffic light
semestre	semester
sorteo	drawing (in a lottery)
submarino	submarine
suceso	happening
tachuelas	thumbtacks
taller	workshop
taquigrafía	shorthand
taquilla	ticket window
tarea	task, chore
telón	curtain (in a theater)
teja	tile (for roof)
teneduría de libros	bookkeeping
teoría	theory
terciopelo	velvet
terremoto	earthquake

XII

toque de queda	curfew
torneo	tournament
tortilla (a la francesa)	omelet (French)
trabajos manuales	shop
tránsito	traffic
transmisión	transmission
tratado de paz	peace treaty
tribunal	court of law
trigonometría	trigonometry

triunfo	triumph
trofeo	trophy
vado	ford
vándalo	hoodlum
vainilla	vanilla
vajilla	dishes
vajilla de plata	silverware
válvula	valve
velocímetro	speedometer
vidriera	show window
volante	steering wheel

CAPITULO VIII

COMPOSICIONES ORALES Y ESCRITAS

Casi todo lo que un alumno aprende en su clase de inglés acerca de las composiciones orales y escritas él puede usar en la preparación de una composición en español. Al hablar ante la clase o al escribir, acuérdense de las instrucciones de su profesor de inglés. También debieran recordar lo que Uds. han aprendido de los capítulos anteriores de este libro de texto acerca de la gramática, la pronunciación, la ortografía y la puntuación españolas.

Sugestiones para temas de composición

1. Mi primer día de escuela
2. Un libro que me gusta mucho
3. Mi clase más interesante
4. El día que me perdí en la ciudad grande
5. Mi mejor amigo
6. Un momento vergonzoso
7. Mi ambición
8. Mi primera cita
9. Un día de campo
10. El incendio más grande que he visto
11. Mi actor favorito
12. Un viaje
13. La boda de mi amiga
14. Aprendiendo a manejar un automóvil
15. Una persona inolvidable
16. Unas ideas tocante al reglamento de la escuela
17. El circo

18. Cómo paso un día en la escuela
19. El vaquero de los Estados Unidos y el gaucho de la Argentina
20. La feria del condado
21. Una fiesta nacional
22. Un héroe verdadero
23. La marcha de la ciencia en el siglo XX
24. Mi pasatiempo favorito
25. Al saber quién era «Santa Claus»
26. Un incidente de la historia de mi estado
27. Mi día de cumpleaños
28. Mi primera apariencia ante el público
29. Nuestro rancho
30. La gira de los alumnos del cuarto año
31. Una corrida de toros
32. Mi perrito
33. Causas de la delincuencia juvenil
34. Mi primer día de trabajo
35. La sala de estudio

De las costumbres, la historia, la literatura, y del arte de los países hispanoamericanos se pueden escoger temas sin fin.

Reportaje de libro

Si su profesor desea que lean Uds. de la biblioteca libros en español de la literatura española e hispanoamericana, pueden usar el bosquejo siguiente para escribir su reportaje.

1. Autor y título del libro
2. Tiempo
3. Escena
4. Personajes principales (una descripción brevísima)
5. Cómo principia (100-200 palabras)
6. Cómo termina (100-200 palabras)
7. Acontecimiento más sobresaliente (200-300 palabras)

8. Opinión del libro

Acaso preferirían usar un reportaje menos tradicional o formal. Podrían escribir una composición siguiendo estas sugestiones o preguntas:

1. ¿Por qué escribió este libro el autor? ¿Quería que sus lectores supieran algo o pensaran en algo? ¿Qué propósito tenía presente? ¿Quería dar informes, entretener o hacer pensar a los que leyeran su libro?

2. ¿Cuál es el argumento del libro hasta el climax? ¿Cuáles son los acontecimientos que predican el desenlace?

3. ¿Quién es el personaje de mayor interés? ¿Cuáles son sus características principales? ¿Puede Ud. comprobar lo que escribe de su genio por medio de ejemplos de los hechos de él? ¿Por qué se porta así?

4. ¿Qué costumbres extrañas o modos distintos de pensar ejemplifican los personajes del libro? ¿Qué han aprendido Uds. de otras épocas o de otros países por haber leído el libro?

Quizá preferirían escribir una descripción del libro como las que se ven en el forro de una novela popular. Antes de comenzar, vayan a la biblioteca a leer unos de estos resúmenes lisonjeros.

CAPITULO IX

JUEGOS

Este capítulo comprende una serie de juegos de que Uds. pueden aprovecharse para entretenerse de vez en cuando en la clase o en las reuniones de su club.

Cuatro juegos con el alfabeto

1.

Se escogen dos equipos. El jefe de un equipo dice una letra. La primera persona que diga una palabra comenzando con la dicha letra gana un punto por su partido, y luego esa persona dice otra o la misma letra. No se puede usar la misma palabra más que una vez.

Sigue el juego por cierto plazo de tiempo y el equipo con más puntos gana.

2.

Con dos partidos alineados uno contra el otro, el maestro les da una palabra para que la deletreen. Si la persona de un partido no sabe deletrear la palabra, y la persona siguiente del otro partido sí sabe, la persona que no sabía se sienta.

El juego sigue hasta cuando se haya sentado todo un partido, y naturalmente gana el otro.

3.

Ya divididos en dos partes Uds. pueden empezar un juego usando los nombres de un animal o alguna planta.

Uno de los jugadores se levanta y escribe el nombre de algún animal o planta en la pizarra. Otro miembro del mismo equipo se levanta y escribe otro nombre empezando con la última letra del nombre anterior. Por ejemplo, una per-

110

sona escribe «vaca». Otro del mismo lado escribe «ave» y el
siguiente «elefante». Así sigue hasta cuando hagan error en
deletrear o no puedan pensar en ningún nombre.

Entonces le toca al otro lado. Cada nombre correcto se
cuenta un punto. El equipo con más puntos gana.

4.

Con dos partidos alineados uno contra el otro, el primer
jugador de un partido da una palabra. El primer jugador
del otro equipo tiene que dar otra palabra que empiece con
la última letra de la palabra anterior. Así sigue el juego hasta cuando algún jugador dé una palabra incorrecta, no pueda pensar de ninguna palabra, o repita una palabra que se
ha dado. En tal caso se sienta el jugador. El juego sigue hasta
cuando se haya sentado todo un partido.

¡Que se voltee la canasta!

El director del juego escribe los nombres de varias frutas
en el pizarrón, y todos los jugadores escogen un nombre
distinto.

Los jugadores, cada uno sentado en una silla, forman una
rueda con el director de pie en el centro. El director repite
los nombres de dos frutas y los que lleven los nombres de las
frutas llamadas se cambian de silla, y el director trata de
sentarse en una de las sillas. El jugador sin silla llega a ser
el director.

También puede gritar el director—¡Qué se voltee la ca-
nasta!—y todos los jugadores se cambian de silla, y el sin silla se hace el director.

Cafetera

Una persona sale del cuarto y los demás de los estudiantes
escogen un verbo. Vuelve el que estaba afuera y pregunta:

¿Cuándo «cafetera» Ud.?
¿Cómo «cafetera» Ud.?
¿Dónde «cafetera» Ud.?
¿Con quién «cafetera» Ud.?
¿Por qué «cafetera» Ud.?

La persona puede repetir estas preguntas pero sólo puede adivinar tres verbos y si al tercer verbo todavía no adivina lo que es, entonces se sienta y la profesora escoge a otro estudiante.

Unos verbos que se pueden usar son: leer, comer, bailar, andar, trabajar, estudiar y coquetear.

¿Qué haría Ud. si . . . ?

Cada estudiante escribe en un pedacito de papel una pregunta que comienza con «¿Qué haría Ud. si . . .» y la completa con una frase como «hallara un millón de pesos?»

En otro pedacito de papel el estudiante escribe la respuesta. Se recogen separados los papeles.

Luego se revuelven las preguntas y contestaciones. El director del juego permite a cada alumno escoger una pregunta y una respuesta.

Cada uno lee la pregunta que tiene y después la contestación.

Preguntas y respuestas revueltas

Se sientan los jugadores en un círculo y cada uno a su vez le hace una pregunta en voz baja al alumno que está a su izquierda. El también da una contestación a la pregunta que le hace el que está a su derecha.

Todos escriben la pregunta que le preguntaron y la contestación que han recibido.

Después de que acaben todos de escribir sus preguntas y contestaciones, por turnos leen su papel al grupo.

Voy a la China

La primera persona debe decir: —Voy a la China y llevo mi gato— (un nombre de algo o alguien), y la segunda persona debe repetir lo que ha dicho la primera persona y añadirle otro nombre de algo, como: —Voy a la China y llevo mi gato (lo que dijo la primera persona) y mi sombrero— (lo que añadió la segunda persona). Así siguen añadiendo, y los que no se acuerden de todos los nombres y no puedan repetir todo deben salir del juego, y la persona que dure más gana.

Adivine

Sale un alumno del cuarto mientras los demás escogen algo que describir. Al entrar,el alumno hace tres preguntas a los otros. Estas tres preguntas son:

¿Dónde está?

¿Cómo es?

¿De quién es?

Estas tres preguntas se repiten hasta que tenga el alumno una idea de que están hablando, pero no se puede repetir la misma contestación. Se puede adivinar tres veces, y si a la tercera vez el jugador se equivoca, pierde y se sienta.

Por ejemplo, si el grupo escoge la palabra «oveja», para contestar a la pregunta «¿Dónde está?», se puede decir «en las sierras», «en el rancho de mi papá», o «en mi estómago».

Después de que gane o pierda el primer alumno, otro sale del cuarto y sigue el juego.

Chorizo

Un alumno se pone de pie ante la clase. Los otros alumnos le hacen preguntas y él tiene que contestar con la palabra «chorizo». El objetivo de este juego es que no se sonría el alumno, y si se ríe, la persona que lo hizo reírse tomará el lugar del alumno que estaba enfrente de la clase. Se repite.

Se puede usar preguntas como:

¿Cómo se llama su novio?

¿Con qué se peina Ud.?

¿Qué trae Ud. en la boca?

Beisbol en la sala de clase

Se dividen los alumnos en dos equipos. El profesor hace en la pizarra un diamante con las cuatro bases, y para anotar los varios puntos escribe en una lista estas palabras: bolas, «strikes», «outs», carreras y anotación.

El profesor les da palabras en inglés a los jugadores del equipo que ha de batear. Tratan, cada uno a su vez, de traducir la palabra correctamente al español. Las tres primeras palabras correctas llenan las tres bases y la cuarta se cuenta una carrera. Si algún jugador pierde una palabra se cuenta un «strike» en contra de su propio equipo, y se la pasa al otro equipo. Si un jugador del equipo que está en el campo dice la palabra correcta se cuenta otro «strike» en contra del primer equipo. Si la pierde, es una bola en contra de su propio equipo. Tres «strikes» son un «out», y cuatro bolas son una carrera.

Se cambian de posición cuando el primer equipo haga tres «outs».

Se juega cierto número de entradas.

El ahorcado

Se escoge una persona de la clase para que dibuje una horca en la pizarra. Luego este alumno piensa en una palabra. Si la palabra tiene, diremos, siete letras, pone siete rayas en la pizarra. El primer alumno de la hilera de asientos adivina una letra. Si esta letra es una de las letras de la palabra, el alumno que está en la pizarra escribe la letra en la raya, y el otro alumno sigue adivinando hasta que pierda. El segundo alumno de la hilera adivina, después el tercero, etc. Al perder un alumno, el de la pizarra dibuja al ahorcado comenzando con la cabeza, y siguiendo a cada error con las facciones, el cuello, el cuerpo, los brazos, las manos, las piernas y los pies. Si el de la pizarra acaba el dibujo del ahorcado antes de que adivine la clase cuál es la palabra, él gana; si la clase adivina la palabra antes de que se acabe el dibujo, gana la clase.

El que complete la palabra pasa a la pizarra y escoge otra palabra. Así sigue el juego.

¿Quién es?

Un alumno sale del cuarto y los que se quedan escogen a otro alumno que describir. El que salió del cuarto entra y pregunta: —¿Cómo es?— y sigue preguntando esto a cada alumno que él o ella quiera escoger hasta que adivine, y luego sale otro alumno.

Para variar el juego también se puede describir a una persona de un retrato de la sala de clase o a un hombre famoso para que sea más difícil el juego.

Juan Pirulero

Se juntan los jugadores en una rueda y cada uno escoge una cosa que imitar. Ejemplos: tocar una trompeta o violín, hacer tortillas, etc.

El Pirulero se pone el dedo gordo de la mano izquierda sobre la boca y el dedo gordo de la derecha sobre el dedo chiquito de la izquierda, moviendo los demás dedos continuamente hacia arriba y abajo.

Los jugadores hacen sus respectivas imitaciones cuando comiencen a cantar todos:

Este es el juego de Juan Pirulero.

Que cada quien atienda a su juego.

Cuando el Pirulero hace la imitación de otro, éste debe hacer la del Pirulero, y si no lo hace, pierde y da una prenda. Ejemplo: El Pirulero hace la imitación del violinista y éste hace la del Pirulero. El que era violinista no viene a ser el Pirulero. El Pirulero sigue imitando a quienquiera.

Cuando queden sólo dos sin perder, se para el juego y se sacan las prendas una por una dándosele a cada una un castigo sin ver las prendas. Ejemplo: Se saca una prenda y sin que nadie la vea se dice:— ¿Qué castigo se le da a esta prenda?— Que se le declare a una muchacha.

Lotería

Otro juego que se puede jugar es «Bingo» o Lotería. Si tienen Uds. las tarjetas necesarias es muy divertido jugar al juego en español o a otro juego semejante con nombres de cosas en vez de cifras.